Grabner-Haider / Wuketits

Religion als Zeitbombe?

Anton Grabner-Haider / Franz M. Wuketits

Religion als Zeitbombe?

Biologische und kulturgeschichtliche Analysen

Alibri Verlag
Aschaffenburg

2016

Anton Grabner-Haider, geboren 1940, lehrte als Professor für Religionsphilosophie an der Universität Graz. Er ist in der Interkulturellen Philosophie und im Dialog der Religionen tätig. Er ist Autor von 40 Büchern, die in elf Sprachen übersetzt sind.

Franz M. Wuketits, geboren 1955, lehrt Wissenschaftstheorie mit besonderer Berücksichtigung der Biowissenschaften an der Universität Wien. Er ist Autor von 44 Büchern und (Mit)Herausgeber zahlreicher Sammelbände.

Alibri Verlag
www.alibri.de
Aschaffenburg
Mitglied in der Assoziation Linker Verlage (aLiVe)

Erste Auflage 2016

Umschlaggestaltung: Claus Sterneck
unter Verwendung von Abbildungen von © Headcracker / photocase.de
und © rea_molko, Fotolia.com
Druck und Verarbeitung: Interpress, Budapest

ISBN 978-3-86569-244-3

Inhaltsverzeichnis

Anton Grabner-Haider
Vorwort 7

Anton Grabner-Haider
Einleitung 11

Franz M. Wuketits
Wurzeln der Religionen – Wurzeln der Übel? 15

Anton Grabner-Haider
Zur Kulturgeschichte der Religion 47
Die Religionen Chinas 54
Religionen Indiens 61
Religionen Japans 67
Religionen des Alten Orients 71
Griechisch-Römische Religion 76
Alteuropäische Religionen 80
Die Jüdische Religion 87
Die Christliche Religion 102
Die Religion des Islam 114

Anton Grabner-Haider

Vorwort

Fast jeden Tag schockieren uns Meldungen über Bombenattentate und Selbstmordanschläge von moslemischen Kämpfern in vielen Regionen der Welt. Doch gleichzeitig wissen wir, dass heute ungefähr 1,5 Milliarden Moslems relativ friedvoll und sozial verträglich zusammenleben. Wie passt das zusammen? Keine andere Großreligion entfaltete in den letzten Jahrzehnten ein solches Gewaltpotential wie der fundamentalistische Islam.

Aber wie steht es mit den Zerstörungspotentialen der Religionen überhaupt? Sind die im realen Leben tatsächlich so friedvoll und harmlos, wie sie in den heiligen Texten vorgeben? Wenn wir global auf alle Religionen blicken, dann erkennen wir, dass diese verschiedene Funktionen für das Zusammenleben der Menschen ausüben. Die wichtigsten dieser Funktionen sollen in diesem Buch beleuchtet werden.

Religionen sind Glaubenssysteme, in denen sich die Glaubenden auf transzendente Welten und metaphysische Wirklichkeiten beziehen. Sie glauben an unsichtbare Geistwesen, an göttliche und dämonische Kräfte, an menschenähnliche Göttinnen und Götter, an einen einzigen Herrschaftsgott, an einen göttlichen Urgrund (*dao*), an geistliche Urkräfte im Kosmos. Sie beziehen ihr Leben auf diese metaempirischen Wirklichkeiten. Nach den interkulturellen Statistiken leben heute ungefähr 80 % der Menschheit, also ca. sechs Milliarden Menschen, in einem Bezug zu religiösen Vorstellungen.

Global gesehen wirken die Stammesreligionen, die Volksreligionen und die Großreligionen für die Glaubenden wie ein „Plazebo“, die religiösen Lehren geben ihnen Hoffnung auf ein gutes Lebens und auf Heilung von Verletzungen. Sie wirken auch wie ein „Lebenselexier“, denn sie vermitteln den Glaubenden Lebenskraft und Zuversicht; sie helfen ihnen nachweisbar, auch schwierige Situationen zu überstehen.

Eine weitere Funktion der Religion kann als „Sedativum“ beschrieben werden, denn durch religiöse Lehren gewinnen die Glaubenden Geborgenheit und Ruhe in einer feindlichen Lebenswelt. Vor allem aber fungiert Religion als „sozialer Kitt“, denn sie hält Gruppen und Gemeinschaften, ja ganze Völker und Kulturräume zusammen. Das gilt für die Religion der Sippen, der Stämme, der Völker und die globalen Großreligionen. Die Glaubenden wissen sich durch gemeinsame Lehren und Lebensformen miteinander verbunden.

Zum anderen geben die Religionen den Glaubenden eine feste Lebensorientierung und eine „Daseinsdeutung“. Sie interpretieren das Leben, die Welt, den Kosmos, sie geben dem Einzelleben einen Sinn, eine Bedeutung und einen Auftrag. Nicht zuletzt geben alle Religionen den Glaubenden feste „moralische Normen“ für das richtige und gute Handeln. Sie unterscheiden zwischen gut und böse, zwischen erlaubt und unerlaubt. Und sie motivieren die Menschen, die jeweiligen Moralnormen im Leben zu verwirklichen.

Diese Funktionen haben die Religionen im Lauf der Kulturentwicklung übernommen, damit haben sie den Menschen zu allen Zeiten starke Überlebensvorteile gebracht. Doch in der Zeit der Sesshaftwerdung, der Kultur der höheren Ackerbauern und der Hirtennomaden kam es zur Eroberung und zur Verteidigung von Bodenflächen, von Weiden und Ackerland, von Dörfern und Städten. Auch diese Handlungen wurden durch die Religion legitimiert, die Krieger kämpften im Namen der starken Kriegsgötter. Dies ist die Funktion der „Zeitbombe“, die hier näher verfolgt werden soll.

Nun waren alle Gottheiten der heutigen Großreligionen (Jahwe, der christliche Gott, Allah) einmal männliche Götter der Krieger, die später zu Schutzgöttern der Herrschaft wurden. Der christliche Gott lenkte als Pantokrator ab 381 n.Chr. (Theodosius I.) alle Kriege des römischen Imperiums und später der christlichen Kultur. Erst seit den beiden Weltkriegen haben sich die Theologen und Kirchenleitungen mehrheitlich von diesem Herrschaftsgott verabschiedet, nur Fundamentalisten halten noch daran fest.

Der Islam wurde im 7. und 8. Jahrhundert vor allem durch Krieg und Eroberung verbreitet, Allah lenkte die Krieger und schenkte ihnen die großen Siege über viele Völker. Damit wurde die neue Religion bis nach China, nach Indien, nach Afrika und nach Südeuropa verbreitet. Danach wirkte der Islam in diesen Regionen ohne Zweifel friedenserhaltend und sozial stabilisierend. Doch seit der Mitte des 20. Jahrhunderts lieferten vor allem christliche Länder modernste Waffensysteme in die islamischen Länder, von denen einige durch Erdölförderung sehr reich geworden waren. Damit sind im Nahen Osten und in Afrika gefährliche Kriegszonen entstanden.

Nun ist der gesamte Islam bis heute durch keine rationale Aufklärung gegangen. Dadurch haben alle Fundamentalisten (z. B. Salafisten) ein leichtes Spiel, um die alten Kriegspotentiale des *dschihad* wieder zu erwecken. Der große Krieg der Kulturen dürfte damit längst begonnen haben, er hat sich durch die modernen Waffensysteme deutlich verändert. Es gibt kaum klare Fronten, sondern ein weltweites Netzwerk von „Gotteskriegern".

Die geistige und die moralische Aufrüstung dieser Gotteskrieger erfolgt eindeutig und primär durch die Religion, ohne sie wäre ein Kampf gegen die westliche Kultur gar nicht möglich. Viele Islamwissenschaftler und Theologen vereinfachen diese Problemlage, indem sie sagen, hinter den Kriegen stünden primär soziale, politische und wirtschaftliche Konflikte. Damit möchten sie die Religion reinwaschen von moralischer Mitschuld. Doch alle Gotteskrieger beziehen sich geschlossen auf den Gott Allah, der zum Töten unzähliger „Gottesfeinde" aufruft.

Realistisch gesehen können die islamistischen Zeitbomben heute überall in der westlichen Welt explodieren, wir haben keine Sicherheit mehr vor religiösen Fanatikern. In den Kriegen des Nahen Ostens und in Nordafrika haben sich die klaren Fronten längst aufgelöst, es wird in verdeckten Netzwerken gekämpft. Kaum jedoch sprengen sich atheistische oder nicht praktizierende Moslems in die Luft. Der Kampf der Dschihadisten gilt heute der gesamten westlichen Kultur und Zivilisation.[1]

Franz Wuketits beschreibt in diesem Buch die biologischen Grundlagen der menschlichen Spezies, die uns zu religiösen Vorstellungen und zu Krieg und Terror befähigt. Anton Grabner-Haider geht aus kulturwissenschaftlicher Sicht den verschiedenen Funktionen der Religionen, vor allem aber dem Phänomen der „Zeitbombe" nach. Damit möchte das Buch dazu beitragen, die vielfältigen Potentiale der Religionen realistisch zu sehen.

Graz, Sommer 2016

1 A. Mansour, Generation Allah. Warum wir im Kampf gegen den religiösen Fundamentalismus umdenken müssen. Frankfurt 2015, S. 79-112. H. Münkler, Kriegssplitter. Die Evolution der Gewalt im 20. und 21. Jahrhundert. München 2015, S. 188-207.

Anton Grabner-Haider

Einleitung

Viele Zeitgenossen sind heute tief beunruhigt durch die Tatsache, dass im Namen Allahs grausamste Kriege und Attentate möglich sind und geschehen. Für sie stellt sich die besorgte und verängstigte Frage: Ist der Islam eine gefährliche und kriegerische Religion? Legitimiert nicht der Koran, das heilige Buch des Propheten, den Kampf (*dschihad*) gegen die „Gottesfeinde" und die Verfolgung der „Irrgläubigen"? Mit dieser unheimlichen Dynamik der Religion hatten die meisten Zeitgenossen im westlichen Kulturraum nicht mehr gerechnet. Viele Philosophen und Soziologen gingen davon aus, die Religion habe weltweit ihren Schrecken verloren.[1]

Doch die täglichen Berichte über Attentate und Zerstörungen im Namen der Religion Allahs konfrontieren uns wieder mit den bedrohlichen und gefährlichen Potentialen religiöser Lehren und Überzeugungen. Denn wir hören, dass auch fanatische Hindus (Indien) und kämpferische Buddhisten (Sri Lanka) Terroranschläge ausführen oder Kriege beginnen. Dann erinnern wir uns wieder daran, dass auch die christliche Reichsreligion extrem gewalttätig war und dass die beiden Weltkriege im 20. Jahrhundert hauptsächlich von Christen geführt wurden. Liegt diese geballte Zerstörungskraft in der Religion selbst? Oder werden religiöse Überzeugungen dazu benutzt, um unzählige Menschenleben auszulöschen?[2]

Gewiss haben die Religionen der Erde viele Funktionen für das Einzelleben und für das Zusammenleben der Gruppen. Offensichtlich können religiöse Lehren wie „tickende Zeitbomben" über viele Jahrhunderte hin wirken, die von fanatischen Gläubigen zu jeder Zeit gezündet werden können. Doch gleichzeitig geben die gleichen Religionen den Glaubenden

1 H.G. Stobbe, Religion, Gewalt und Krieg. Stuttgart 2010, S. 33-51.
2 Ebenda, S. 216-232.

das Gefühl der Geborgenheit und der Sicherheit, sie ermöglichen sogar ein friedvolles Zusammenleben. Und sie geben vielen Menschen einen Sinn für ihr Leben und Orientierung für ihre Daseinsgestaltung. Kritiker sprechen von der Funktion des „Sedativums“, die religiöse Lehren haben können, wenn sie die Glaubenden in aufregenden und kritischen Lebenssituationen zu beruhigen vermögen.[3]

Eine andere Funktion von religiösen Lehren liegt darin, dass sie den Glaubenden Mut zum Leben, konkrete Ziele und Aufgaben, vor allem Ermunterung zum sozialen Handeln vermitteln. Sie vermitteln Lebenskraft in schwierigen Situationen, aber auch Freude am Leben, das Gefühl der Dankbarkeit, die Erlaubnis zum Lebensglück und zur sinnlichen Lust. Vor allem motivieren sie zur Lebensweitergabe, denn die Kinder seien Geschenke der Schutzgötter oder der Ahnen. Wir können diese lebenweckende Funktion von Religion mit „Lebenselexier“ bezeichnen und zusammenfassen.[4]

Weitere Funktionen von religiösen Überzeugungen liegen darin, dass sie den Glaubenden klare Vorgaben für das richtige Verhalten und Regeln für das gute Zusammenleben bereitstellen. Sie nennen Tugenden des gelingenden Lebens und Laster des misslingenden Daseins, damit tragen sie zum moralischen Lernen und zur sozialen Sensibilisierung vieler Menschengenerationen bei. Auch hier beziehen sie sich auf imaginäre Schutzgötter und auf die Seelen der Vorfahren, sie sprechen von „Sünde“, wenn gegen die Regeln der Ahnen und der Götter verstoßen wird. Diese Funktion der Verhaltensregelung in allen Religionen der Erde haben vor allem die Denker der europäischen Aufklärung betont.[5]

Damit fungieren die religiösen Lehren als „sozialer Kitt“, denn sie schaffen den Zusammenhalt von großen Gruppen, ja von Millionen und Milliarden von Menschen. Durch gemeinsame Riten, durch ähnliche Bildwelten und Verhaltensnormen werden große Weltkulturen gebildet (Christen, Moslems, Hindus, Buddhisten), die Glaubenden wissen sich auch über große Entfernungen hin geistig und moralisch miteinander verbunden. Sie folgen gemeinsamen Vorstellungen und Lebensnormen, sie wissen sich in große Überzeugungsgemeinschaften eingebunden. Allerdings werden sie

3 K.H. Ohlig, Religion in der Geschichte der Menschheit. Darmstadt 2002, S. 115-129.

4 H. Müller-Karpe, Geschichte der Gottesverehrung. Von der Altsteinzeit zur Gegenwart. Frankfurt 2005, S. 48-66.

5 J. Hick, Religion. München 1989, S. 70-83.

durch diesen Zusammenhalt auch dazu motiviert, gemeinsame Kriege zu führen.[6]

Nun tragen Religionen auch zur Heilung von seelischen und körperlichen Verletzungen bei, sie haben ohne Zweifel auch starke heilende Potentiale. Denn sie motivieren die Glaubenden zur Erhaltung der Gesundheit, zur Vertreibung böser Dämonen, zur Stärkung der Lebenskräfte. Zur Erreichnung dieser Ziele vollziehen sie Riten der Reinigung von Schuld, der Vereinigung mit den Ahnen und den Schutzgöttern, Riten zur Heilung von Krankheit und Verletzung. Und das Sterben deuten sie als „Heimgang" der Seelenkraft in die Welt der Ahnen und der guten Schutzgötter. Damit geben sie allen Glaubenden starke Potentiale der Hoffnung, Kritiker nennen dies den Plazebo-Effekt von Religionen. Doch diesen Effekt wollen heute selbst Mediziner und Biologen nicht länger unterschätzen.[7]

Es müssen aber auch die gefährlichen und destruktiven Dynamiken von religiösen Überzeugungen in das Blickfeld kommen. Denn offensichtlich können religiöse Bilder und Lehren viele Gläubige stark zum Kämpfen, zum Verletzen und zum Töten von Mitmenschen in großer Zahl motivieren. In fast allen Religionen sehen wir auch die Dynamiken des Hasses und der Zerstörung, des Kampfes und der Intoleranz. Viele Kriegsgötter, aber auch die Ahnenseelen können die Glaubenden zum Töten fremden Lebens und schließlich zum Opfer des eigenen Lebens auffordern. Diese unheimliche Funktion der Religion soll mit dem Bild der „Zeitbombe" umschrieben werden.[8]

Damit werden in fast allen Religionen scharfe Abgrenzungen zwischen den Gottesfreunden und den Gottesfeinden vorgenommen, es werden besonders intensive und stabile Feindbilder aufgebaut. Die Krieger werden zum Kampf gegen die Gottesfeinde aufgefordert, ihnen wird versprochen, wenn sie im Kampf ihr körperliches Leben verlieren, dann wird ihre unsterbliche „Seele" in der Welt der Schutzgötter oder der Ahnen weiterleben. Dies ist die stärkste Motivation zum Kämpfen, zum Töten und zum Sterben, die unter Menschen überhaupt möglich ist. Fast alle großen Kriege der Menschheit, auch in der jüngsten Zeit, wurden mit dem Bezug auf religiöse Lehren begründet und durchgehalten.

Grundsätzlich spiegeln Religionen und Mythen immer konkrete Lebenswelten und Kulturstufen der Menschen: Jäger, Sammler und Fischer;

---

6 Ebenda, S. 34-49.
7 K.H. Ohlig, Religion in der Geschichte der Menschheit, S. 133-149.
8 H.G. Stobbe, Religion, Gewalt und Krieg, S. 108-124.

frühe und späte Hirtennomaden, niedere und höhere Ackerbauern, Industriekulturen und moderne Lebenswelten. Diese Kulturstufen werden symbolisch gedeutet und auf eine höhere oder tiefere Ebene verschoben, es beginnen mythische und metaphysische Weltdeutungen. Die reale Lebenswelt wird in höhere oder tiefere Dimensionen projiziert oder transferiert, dadurch entstehen umfassende religiöse Glaubenssysteme.[9]

Ganz ohne Zweifel haben die mythischen und religiösen Projektionen der Menschen ihrer Entwicklungsgeschichte viele Vorteile gebracht. Denn ohne erwartete oder tatsächliche Vorteile wären diese vielgestaltigen Bildwelten gar nicht entwickelt worden. Denn wir können mit gewissen Einschränkungen annehmen, dass die Menschen nichts entwickelt haben, wovon sie sich nicht einen Vorteil erhofften und wovon sie nicht tatsächlich einen Überlebensvorteil hatten. Freilich fragen sich heute im naturwissenschaftlichen Weltbild viele, ob sie diese Bildwelten noch brauchen.[10]

Wir erkennen heute die vielfältigen Funktionen und Dimensionen der religiösen und mythischen Weltdeutungen. Alle religiösen Bildwelten wachsen aus konkreten Lebenswelten und Kulturen, sie speichern unverwechselbare Kulturformen (Indien, China, Japan, Afrika, Europa, Islam). Diese in den Religionen gespeicherten Lebensformen und Weltdeutungen werden in den heutigen Kulturwissenschaften zunehmend interessant.[11]

Denn Religion ist aus dem Gedächtnis und aus der Lebenspraxis der Menschheit nicht so schnell zu löschen, wie viele Atheisten und Religionslose es sich erwartet hatten.[12]

---

9 K. Armstrong, Im Namen Gottes. München 2014, S. 266-281.

10 H. Müller-Karpe, Geschichte der Gottesverehrung, S. 97-118.

11 J. Hick, Religion, S. 71-86.

12 F. Wuketits / A. Grabner-Haider, Atheismus oder Kulturchristentum? Neu-Isenburg 2014, S. 68-87.

Franz M. Wuketits

Wurzeln der Religionen – Wurzeln der Übel?

In seinen Göttern malt sich der Mensch.

Friedrich Schiller

Durch gewaltsame Fixierung eines psychischen Infantilismus und Einbeziehung in einen Massenwahn gelingt es der Religion, vielen Menschen die individuelle Neurose zu ersparen.

Sigmund Freud

Einleitung

Religionen stellen beim Menschen ein universelles Phänomen dar, sind also weltweit verbreitet und treten in der Geschichte – bis zur Gegenwart – in unzähligen Erscheinungsformen auf.[1] Als „Umgang des Menschen mit dem Übernatürlichen"[2] spiegeln sie ein Urbedürfnis wider: die Annahme oder Vorstellung von Entitäten jenseits der empirisch greifbaren Wirklichkeit. Der Umstand, dass – jedenfalls in unseren Breitengraden – die Zahl der Konfessionslosen zunimmt, darf nicht darüber hinwegtäuschen, dass

1 Zur Übersicht vgl. Grabner-Haider in diesem Band und Kaufmann, Götter-Menschen, Menschen-Götter. Der überfällige Abschied von Götzenbildern. Neu-Isenburg 2015.

2 Vivelo, Handbuch der Kulturanthropologie. Eine grundlegende Einführung. München 1988, S. 255.

über achtzig Prozent der heutigen Menschen in einem weiten Sinn des Wortes *religiös* sind und häufig auch viel Zeit und Aufwand in ihren Glauben investieren.[3] Religion ist aber allen gläubigen Menschen zuzuschreiben, auch wenn sie sich nicht als Mitglieder einer Kirche oder irgendeiner Glaubensgemeinschaft sehen.[4] Der Mensch ist ein *Homo religiosus*, ein „betendes Tier“[5], und unter allen bekannten Lebewesen die einzige Spezies mit der Neigung zu religiösem Glauben.

Woher kommt der religiöse Glaube und worin besteht sein Nutzen? Diese Frage wurde in neuerer und jüngster Zeit vor allem aus evolutionstheoretischer Perspektive diskutiert, die auch den Rahmen des vorliegenden Beitrags bildet. Der Evolutionstheoretiker fragt im Hinblick auf *jedes* Merkmal eines Lebewesens, woher es kommt und wozu es da ist. Ob es sich dabei um den Schnabel eines Pelikans handelt, den Rüssel eines Elefanten, die Krallen einer Katze oder den Appendix (Wurmfortsatz des Blinddarms) des Menschen – diese und alle anderen an Lebewesen beobachtbaren Merkmale haben ihre Geschichte und müssen eine bestimmte Funktion ausüben oder zumindest in der Vergangenheit ausgeübt haben. Doch beschränken sich die Fragen „Woher?“ und „Wozu?“ keineswegs auf anatomische Merkmale, sondern beziehen sich genauso auf Verhaltensweisen und seelische sowie geistige Phänomene, die auch nicht vom Himmel gefallen sein können, sondern sich in langen evolutionären Prozessen herausgebildet haben müssen. Das trifft eben auch auf den religiösen Glauben zu: Auch Gott hat also seine Naturgeschichte[6] und seine Nutzenfunktion.[7] Sicher, Religiosität ist ein komplexes Phänomen, und für ihre Entstehung und Entwicklung ist das Zusammenwirken verschiedener Faktoren anzunehmen. „Das Gefühl religiöser Ergebung“, betonte schon Darwin,[8] „... setzt sich zusammen aus Liebe, vollkommener Unterwerfung unter ein erhabenes, geheimnisvolles Etwas, einem starken Abhängigkeitsgefühl, Furcht, Ehrfurcht, Dankbarkeit, Hoffnung auf ein Jenseits und vielleicht noch anderen Elementen.“ Verbunden mit dem spezifisch menschlichen

---

3 Vgl. Vaas / Blume, Gott, Gene und Gehirn. Stuttgart 2009.

4 Norbeck, The Study of Religion. Chicago 1964, S. 212-223.

5 Hardy, Der Mensch – das betende Tier. Religiosität als Faktor der Evolution. Stuttgart 1979.

6 Voland, Hat Gott Naturgeschichte? Die Evolution der Religiosität. In: Biologie in unserer Zeit 40, 2010, S. 29-35.

7 Dawkins, Gottes Nutzenfunktion. In: Spektrum der Wissenschaft, Januar 1996, S. 94-100.

8 Darwin, Die Abstammung des Menschen [1871], 1966, S. 120.

Todesbewusstsein, dem Wissen um die eigene Sterblichkeit, war die Sehnsucht nach einem „Weiterleben“ im Jenseits gewiss eine besonders starke Triebkraft für die Entstehung von Religionen. Darauf wird noch ausführlich zurückzukommen sein.

Religiosität kann sehr bescheiden und zurückhaltend auftreten, sich aber auch zum Fanatismus und Massenwahn steigern. Die Religionsgeschichte ist daher auch eine *Gewaltgeschichte*. Von den Christenverfolgungen in der Antike über die Kreuzzüge und Hexenverbrennungen bis zu den Selbstmordattentaten der heutigen Islamisten zieht sich eine blutrote Spur von Gewaltexzessen. Im Namen Gottes können die schlimmsten Gräueltaten ihre Rechtfertigung erfahren. Religionen waren daher wiederholt Kriegsauslöser oder spielten jedenfalls eine begleitende Rolle beim Ausbruch kollektiver Gewalt, die natürlich auch wirtschaftlich und / oder politisch motiviert sein kann.[9] Auch in diesem Zusammenhang ist die evolutionstheoretische Perspektive nicht nur hilfreich, sondern unerlässlich. Sie gibt den Blick frei auf unsere archaischen Verhaltensantriebe, die sich unter gegebenen soziokulturellen Rahmenbedingungen zu Gewalttaten steigern können, die in ihrer spezifischen Form allen anderen Säugetieren fremd sind. Seit der Antike nimmt der Mensch sich als *animal rationale* wahr, als das mit Vernunft oder Verstand begabte Tier, sollte nunmehr aber einsehen, dass die Charakterisierung als *animal irrationale* [10] ebenso gut auf ihn zutrifft. Religiosität kann dabei als wichtiger Indikator herangezogen werden.

Um Missverständnissen vorzubeugen, sollte an dieser Stelle Folgendes hervorgehoben werden. Die weltweite Verbreitung von Religionen in Geschichte und Gegenwart sagt nichts über die „Wahrheit“ ihrer jeweiligen Glaubensinhalte aus. Fast alle Menschen glaubten ja auch die längste Zeit, dass die Erde eine Scheibe sei. Dass sie dabei einem Irrglauben huldigten, braucht heute nicht eigens betont zu werden. Die Verbreitung eines Glaubens sagt nichts über seine Gültigkeit aus. Im vorliegenden Zusammenhang noch wichtiger ist der Hinweis, dass die evolutionäre Rekonstruktion des religiösen Glaubens und seiner Nützlichkeit selbstverständlich *nicht* bedeuten kann, dass diesem Glauben – in welcher Ausprägung auch immer er auftritt – irgendein „Wahrheitsgehalt“ zukommt oder dass aus dieser Rekonstruktion gar ein „Gottesbeweis“ abgeleitet werden darf. Der Evolutionstheoretiker befindet sich auf einer Metaebene: Er stellt Religiosität als universelles Phänomen beim *Homo sapiens* fest und fragt nach deren

9 Vgl. z. B. Wuketits, Gewalt: Ihre Formen und Ursachen. 2015, S. 61-72.

10 Wuketits, Animal irrationale. Berlin 2013.

Herkunft und Zweck. Seine Position ist also zunächst eine neutrale. Zwar dürfte es unter heutigen Evolutionstheoretikern kaum einen geben, der seinerseits von religiösem Glauben beseelt ist (mir fällt keiner ein), aber nur wenige Evolutionstheoretiker sind, wie Dawkins[11], angetreten, um Religionen aktiv zu bekämpfen.

Wenn wir nun die Wurzeln des religiösen Glaubens aufspüren und seinen Nutzen verstehen wollen, dann müssen wir hier zunächst weit ausholen. Dabei kann es nicht darum gehen, religiösen Glauben auf biologische Faktoren zu „reduzieren", wohl aber darum, in der biologischen Evolution entstandene Dispositionen festzumachen, die – in ihrer Verschränkung mit psychologischen und sozialen Komponenten – Religiosität überhaupt ermöglicht haben.

„Oben" und „unten" – Erklärungsnotstand und Metaphysik

Nach Schopenhauer ist der Mensch ein *Homo metaphysicus*, ein von Natur aus metaphysikbedürftiges Lebewesen, bestrebt, sozusagen hinter die Dinge zu blicken. Die Entstehung eines sich selbst reflektierenden Bewusstseins, das über einen „tierischen Realismus" hinausgeht, wurde von dem Wunsch begleitet, hinter die Kulissen der sinnlich wahrnehmbaren Realität zu schauen, verborgene Aspekte der Wirklichkeit zu ergründen, das eigene Leben und die Welt „da draußen" zu transzendieren, zu übersteigen.[12] Die Antriebe dieses Begehrens sind tief in unserer Evolutionsgeschichte zu vermuten, in einem Entwicklungsstadium, in dem ein selbstreflexives Bewusstsein im eigentlichen Sinn noch gar nicht angenommen werden muss. Es ging ganz einfach um das Bedürfnis nach *Sicherheit* in einer insgesamt unsicheren und gefährlichen Welt, in die unsere frühen Vorfahren als Jäger und Sammler gestellt waren. Eindringlich und intensiv war daher das Bestreben, Herrschaft über das Unbekannte und Zukünftige zu gewinnen.[13] Hierbei handelt es sich gleichsam um ein Urbedürfnis. Alle Lebewesen existieren in einer unsicheren Welt, in der Orientierung gefragt ist.

11 Dawkins, The God Delusion. London 2006.

12 Vgl. Dubos, A God Within, 1972.

13 Vgl. Klix, Erwachendes Denken. Berlin 1980.

Wie die meisten Primaten, waren auch unsere frühen Vorfahren Baumbewohner, angepasst an das Klettern auf Bäume und das Leben in Baumkronen. Bäume bieten einen relativen Schutz. Andreas Kilian[14] stellt in diesem Zusammenhang folgende interessante Überlegung an:

> „Stellen wir uns einen unserer Vorfahren vor, der zur Nahrungssuche auf die Erde herabkam. Dort hörte er irgendetwas und erschrak. Er wollte sofort flüchten. Was ist das Zeichen, welches auch bei kopfloser Panik den sichersten Weg auf den nächsten Baum angibt? Es ist das Licht! Licht bedeutet immer oben, Dunkelheit bedeutet unten.
> Auch wenn wir vor Panik nicht mehr nachdenken können, Licht gibt uns das Gefühl der Sicherheit, weil es uns den Weg weist. Dort oben auf den Ästen ist man vor Raubtieren sicher. Dort oben warten die Artgenossen. Und Artgenossen, die oben auf dem Baum sitzen, erkennt man daran, dass sie eine Aura um den Kopf tragen. Zumindest, wenn man gegen das Licht schaut. Strahlenkränze um die Köpfe der Gruppenmitglieder zeigten schon den Affen einst den Weg, die Erlösung vom Übel. Unten auf dem Waldboden wartete das Raubtier, das aus dem Dunkel kam und alle Merkmale aufwies, die uns erschrecken ließen. Es war größer als man selbst … Und da es immer überraschend auftauchte, musste es wohl aus der Erde, der Hölle kommen, es war immer hinterhältig, gemein und mindestens genauso intelligent wie unsere Vorfahren selbst."

Dieser Gedankengang mag etwas spekulativ anmuten, hat aber durchaus etwas für sich. Wir sind „Augentiere" und auf Licht angewiesen. Die Bewältigung der Nacht, der Dunkelheit, war eine große Herausforderung und ist ein spannendes Kapitel unserer Geschichte.[15] Das künstliche Licht, über das wir heute verfügen und das die Nacht vor allem in unseren großen Siedlungsräumen erhellt, ist eine sehr späte Erfindung unserer (Kultur-)Geschichte; die längste Zeit war die Nacht wirklich finster und bot genügend Raum für die Annahme „dunkler Mächte".

Tatsache ist auch, dass die „Höhe" positiver besetzt ist als die „Tiefe". Es ist wohl kein Zufall, dass „Höhepunkte" Gewinn und Befriedigung bedeuten, „Tiefpunkte" aber mit Verlusten und Niedergeschlagenheit einhergehen; sich „oben" zu befinden ist allemal besser als „unterzugehen" oder

14 Kilian, Die Logik der Nicht-Logik. Aschaffenburg 2010, S. 51.

15 Fischer, Durch die Nacht. München 2015.

„tief" zu sinken. Und bekanntlich wird der Himmel „oben" und wird die Hölle „unten" angesiedelt. (Die naturwissenschaftliche Relativierung von „oben" und „unten" ließ lang auf sich warten.) Die Polarität „oben – unten" sowie „Licht – Dunkelheit" kann als eine menschliche Urerfahrung angesehen werden, die die geistige Evolution nicht unwesentlich beeinflusst hat.

Nun ist der Mensch auch ein Lebewesen, das nach *Erklärungen* sucht. Er gibt sich nicht einfach damit zufrieden, dass etwas eben so geschieht, wie es geschieht, sondern will die *Ursachen* des Geschehenen kennen. Während etwa ein Hund ganz zufrieden ist, wenn er bei Nässe und Kälte eine trockene, warme Ecke findet und er dem Wetter sonst keinerlei Beachtung schenkt, fragt der Mensch nach den Ursachen des Wettergeschehens. Man kann sich gut vorstellen, dass unsere steinzeitlichen Ahnen, sobald sie bewusst Fragen zu stellen begannen, in einen *Erklärungsnotstand* gerieten, der metaphysische Vorstellungen beflügelte.[16] Wenn ein Steinzeitmensch erlebte, wie ein Baum oder gar einer seiner Gruppengenossen von einem Blitz getroffen wurde, dann musste dieses Ereignis Verwunderung und Entsetzen in ihm hervorgerufen haben. Da er von Funkentladungen in der Atmosphäre noch keine Ahnung haben konnte, muss er ihm unbekannte Kräfte angenommen haben, die einen Blitzschlag verursachen. Auch andere Naturphänomene, beispielsweise Regen und Sonnenschein, konnte er sich rational nicht erklären und überantwortete sie „höheren Mächten", die in himmlischen Sphären hausen sollten. In späteren Phasen seiner (Kultur-) Geschichte hat der Mensch dann eine vielfältige Götterwelt ersonnen, die für Naturereignisse verantwortlich sein soll. „Sonnengötter" sind dabei ein besonders markantes Beispiel. Es wurde sogar behauptet, „daß überhaupt aller religiöse Cultus, alle Götter-Verehrung mit einer Anbetung der Sonne oder des Lichts angefangen hat oder von ihr ausgegangen ist".[17] Wie dem auch sei, Götter jedenfalls werden im Allgemeinen „oben", im „Himmel" angesiedelt, müssen aber letztlich nicht nur Gutes bringen – sie können den Menschen belohnen, aber eben auch bestrafen. Das Denken des frühen Menschen war noch sehr subjektzentriert, Naturereignisse – erfreuliche wie unerfreuliche – bezog er auf die eigene Existenz. Aber wir kennen das noch heute an uns selbst, wenn etwa ein plötzlicher Regenguss einen angenehmen Spaziergang unterbricht oder lang anhaltende Trockenheit zu Ernteausfällen führt. *Rational* wissen wir natürlich, dass Wetterereignisse überhaupt nichts mit uns zu tun haben, aber die Neigung, ein (unbetei-

16 Vgl. Wuketits, Evolutionäre Ursprünge der Metaphysik. Berlin 1987, S. 78-88 .
17 Büchner, Licht und Leben. Leipzig 1882, S. 10.

ligtes) Naturereignis mit unserer eigenen Existenz kausal zu verknüpfen, ist stark ausgeprägt. Die Natur kann uns einen Strich durch die Rechnung machen. Und dem frühen Menschen war es praktisch „unmöglich, zwischen seinen eigenen Taten und einem bedrohlichen Naturereignis *keinen* Zusammenhang zu sehen".[18]

Von „oben" also erwartete der frühe Mensch zugleich Belohnung und Bestrafung, die er zu seinem eigenen Leben unmittelbar in Beziehung setzte. Es ist sicher richtig, dass – wie schon Koppers[19] betonte – nicht erst die (sesshaften) Ackerbauern und Viehzüchter Vorstellungen von freundlichen und hilfreichen Geistern entwickelten, sondern dass bereits altsteinzeitliche Jäger und Sammler glaubten, eine fette Beute solchen Geistern zu verdanken. Die *Jagdmagie*[20] muss also den neolithischen, neusteinzeitlichen magischen Vorstellungen vorausgegangen sein. Es wird sich zwar kaum feststellen lassen, wann der Mensch religiöse Vorstellungen im engeren Sinn zu entwickeln begann, aber sicher waren diese Vorstellungen mit der Evolution seines Bewusstseins – und damit mit der Evolution seines Gehirns – eng verknüpft. Und sie sind in einem breiteren Rahmen zu sehen, nämlich der Entstehung und Entwicklung der menschlichen *Phantasie*, die den Menschen nicht zuletzt zum Künstler werden ließ,[21] der sich in eine imaginäre Welt wegträumen darf. Auch wenn wir uns hier also nicht auf einen genaueren Datierungsversuch einlassen wollen und können, müssen wir auf jeden Fall den (vor knapp dreißigtausend Jahren verschwundenen) Neandertalern religiöse Regungen einräumen, obwohl sich bei ihnen künstlerische Ambitionen nicht eindeutig feststellen lassen.[22] Aber Spiritualität muss sich nicht notwendigerweise in materiellen Hinterlassenschaften äußern.

18 Lenné, Das Urphänomen Angst. München 1987, S. 44.

19 Koppers, Der Urmensch und sein Weltbild. Wien 1949.

20 Bergounioux / Götz, Die Religionen der vorgeschichtlichen und primitiven Völker. Aschaffenburg 1960.

21 Vgl. Junker, Die Evolution der Phantasie. Stuttgart 2013.

22 Vgl. Schmitz und Thissen, Die Geschichte geht weiter. Heidelberg 2000.

Zweck und Sinn

Nun dürfen wir davon ausgehen, dass im Alltag des prähistorischen Menschen der Kampf ums nackte Überleben im Vordergrund stand, was, wie man vermuten sollte, wenig Raum für metaphysische Spekulationen ließ. Aber wie Dobzhansky[23] bemerkt hat, kann auch der Überlebenstrieb unter sehr schlechten Lebensbedingungen (Hunger, Krankheit und andere Unbilden) die Frage nach dem „Sinn des Ganzen" nicht ganz verdrängen. Sobald der prähistorische Mensch über ein ausgeprägtes Bewusstsein verfügte, wird er auch nach Bedeutung und Sinn gesucht und dort, wo er ihn nicht unmittelbar finden konnte, den Sinn in eine verborgene Wirklichkeit projiziert haben. Dawkins[24] schreibt Folgendes:

> „Der Wunsch, überall einen Zweck zu erkennen, ist nur natürlich bei einem Lebewesen, das von Maschinen, Kunstwerken, Werkzeugen und anderen planvoll gestalteten Dingen umgeben ist und dessen Gedanken außerdem von persönlichen Dingen beherrscht werden. Ein Auto, ein Dosenöffner, ein Schraubenzieher oder eine Mistgabel geben berechtigten Anlass zu der Frage 'Wozu ist es gut?' Unsere bäuerlichen Vorfahren fragten das gleiche bei Donner, Sonnenfinsternis, Steinen und Flüssen."

Doch nicht erst die (neusteinzeitlichen) Ackerbauern und Viehzüchter, sondern vor ihnen schon die altsteinzeitlichen Jäger und Sammler haben sich wohl die Zweckfrage gestellt. Zwar verfügten sie natürlich nicht über Schraubenzieher oder Dosenöffner, aber über Werkzeuge anderer Art (beispielsweise Steingeräte), die einen bestimmten Zweck erfüllten, zu einem bestimmten Zweck hergestellt wurden. Außerdem waren diesen Menschen verschiedene Pflanzen und Tiere im Sinne des Überlebens nützlich. Und schließlich war es zweckmäßig, eine Höhle oder sonst einen Unterschlupf zu finden, die Schutz vor Kälte und Nässe boten.

Da also bereits unsere prähistorischen Ahnen von zweckmäßigen Objekten umgeben waren, sollte es nicht verwundern, wenn sich früh der Glaube an eine insgesamt zweckvoll eingerichtete Welt zu regen begann. „Der Glaube, die Delegierung von Absichten in das Reich jenseits möglicher Erfahrung, war wohl des Bewußtseins früheste geistige Regung."[25]

23 Dobzhansky, The Biology of Ultimate Concern. London 1969.
24 Dawkins, Und es entsprang ein Fluß in Eden. München 1998, S. 112.
25 Riedl, Biologie der Erkenntnis. Berlin 1980, S. 158.

Vielleicht nicht die früheste – mit einer Chronologie wäre ich hier vorsichtig –, aber eine jener entscheidenden Regungen, die den Menschen zur Religiosität geführt haben. Die Allgegenwart von Zwecken in seiner Alltagswelt muss den Menschen dazu veranlasst haben, Zwecke auch jenseits des Erfahrbaren anzunehmen und schließlich an einen *Sinn* des Universums zu glauben. „Weil wir bei uns selbst sinnloses Handeln für einen Unwert erachten, stört es uns, daß es ein Geschehen gibt, das jeden Sinnes entbehrt."[26] Also ist es doch besser, gleich einmal eine sinnvolle Welt anzunehmen, in der Sinnwidriges keinen Platz findet. In einer sinnlosen Welt zu leben, ist daher vielen Menschen nach wie vor eine unangenehme, wenn nicht gar ungeheuerliche Vorstellung.[27] Vielmehr sollen alle Ereignisse in dieser Welt zweck- und zielgerichtet erscheinen und irgendeinem (verborgenen) Endzweck dienen. (Dass sich die Idee eines „intelligenten Plans" in der Evolution nach wie vor einer relativ großen Beliebtheit erfreut, kommt wohl nicht von ungefähr.)

Eckart Voland[28] verweist in diesem Zusammenhang auf den *Animismus* von Kleinkindern. Die denken dualistisch und schreiben auch toten Gegenständen und selbst Verstorbenen geistige Fähigkeiten zu. Sie glauben beispielsweise, dass ein Tisch „böse" sei, weil sie sich an ihm den Kopf angeschlagen haben. Und sie sind finalistisch orientiert, denken etwa, dass es regnet, damit die Blumen gedeihen können oder dass die Sonne für uns scheint. Sie stellen auch ständig neugierig Fragen, wozu oder wofür etwas da ist. „Diese kognitiven Strategien, die nicht erst besonders gelernt werden, sondern als biologische Grundeinstellungen des menschlichen Verstandes die Welt interpretieren, bringen ganz spontan und anstrengungslos mentale Grundpfeiler religiöser Metaphysik hervor."[29] Das deckt sich durchaus auch mit früheren Untersuchungen von Piaget[30] zu Weltvorstellungen von Kindern. Eine halbwegs „normale" Weiterentwicklung vorausgesetzt, verabschieden sich Kinder freilich bald vom Glauben an „böse Tische" oder „beseelte Steine" und lernen, dass dem Regen keine guten Absichten für die Blumen innewohnen oder dass die Sonne nicht für uns scheint. Aber archaische und kindliche Denkmuster im Allgemeinen

26 Lorenz, Der Abbau des Menschlichen. München 1983, S. 21.

27 Siehe auch Wuketits, Darwins Kosmos. Aschaffenburg 2009 und Wuketits, Was Atheisten glauben. Gütersloh 2014.

28 Voland, Hat Gott Naturgeschichte?, S. 30.

29 Ebenda, S. 31.

30 Piaget, The Child's Conception of the World [1929]. London 1973.

können unter bestimmten soziokulturellen Rahmenbedingungen auch im Erwachsenenalter ihr Ventil finden. Es wäre sonst nicht verständlich, dass tief religiöse Menschen hartnäckig am Glauben an einen gütigen – oder auch zürnenden – Gott festhalten und die Welt insgesamt einem intelligenten Planer zuschreiben. Die Sehnsucht nach einem harmonisch geordneten, absichtsvoll gestalteten Universum, in dem uns Menschen ein Platz gewiss ist, ist eben doch sehr stark. Die Frage nach dem Sinn des *menschlichen* Lebens kann kaum von der Frage nach dem Sinn des Lebens (und des Universums überhaupt) getrennt gestellt werden.[31] Und da der Glaube an einen *vorgegebenen Sinn von allem* die Antwort auf den Sinn des menschlichen Daseins erleichtert, hat er sich auch in vielen Köpfen eingenistet. Sinnvolles Leben in einer sinnlosen Welt will erst gelernt sein.[32]

Volker Sommer bringt in diesem Zusammenhang auch den *Optimismus* ins Spiel:

> „Optimismus ist angenehm, weil das Gefühl der Vorhersagbarkeit zukünftiger Ereignisse vermittelt wird. Optimisten fühlen sich sicherer, da sie entweder annehmen, diese Welt sei ein Platz, an dem alle bekommen, was ihnen zusteht – durch gnädige externe Zuwendung, sprich göttliche Fügung –, oder da sie davon ausgehen, die Menschen könnten ihr Schicksal selbst in die Hand nehmen."[33]

Das Schicksal selbst in die Hand zu nehmen bedarf allerdings einiger Anstrengungen. Wenn Selbstbestimmung zum erwünschten Erfolg führt, ist es ja gut. Aber noch besser ist es, wenn sich in unserem Leben grundsätzlich schon alles von vornherein, ohne unser eigenes Zutun, zusammenfügt; wenn ein letztlich „guter Geist" über alles seine hütende Hand ausbreitet. Denken wir noch einmal an den Jagderfolg einer altsteinzeitlichen Horde. Natürlich konnte man einen solchen Erfolg als Resultat einer Eigenleistung verbuchen. Aber da er keineswegs vorauszusehen und von vornherein sicher war, war vielleicht auch Dankbarkeit angesagt: gegenüber jenen „Geistern", die vermeintlich mitgeholfen haben, diesen Erfolg zu erzielen. Die (spätere) Personifizierung von Jagdgöttern beziehungsweise Jagdgöttinnen kommt kaum von ungefähr. Die Jagd, die sich heute – in unseren

31 Vgl. Simpson, The Meaning of Evolution. New York 1951.

32 Vgl. Kanitscheider, Über den Sinn des Lebens in uns selbst. Stuttgart 2008 und Wuketits, Darwins Kosmos.

33 Sommer, Die Vergangenheit einer Illusion. Stuttgart 1993, S. 238.

Breitengraden – vielfach als bloßes Hobby und als Luxus darstellt, war in urgeschichtlicher Zeit eine Frage des Überlebens.

Man darf davon ausgehen, dass – wie ich an anderer Stelle etwas ironisch betont habe[34] – die Zahl der Steinzeitmenschen, die am Universum und seiner möglichen Sinnlosigkeit verzweifelt sind, sich sehr in Grenzen gehalten hat und wesentlich geringer war als die Zahl derer, die verhungerten, von einem Löwen, einem Höhlenbären oder einem ihrer eigenen Artgenossen getötet wurden. Hungrige Mäuler und insgesamt bedrohte Existenzen brauchen keinen sinnvollen Kosmos. Das Leben, natürlich auch das menschliche, strebt in erster Linie nach Überleben, aber es hilft einem Lebewesen mit einem selbstreflexiven Bewusstsein dann anscheinend doch, wenn dieses Streben vom Glauben an einen „Sinn des Ganzen“ flankiert wird. Die Frage nach dem Sinn des eigenen Daseins stellt sich wohl jedem Menschen irgendwann in seinem Leben, und in Ermangelung klarer, subjektiver Antworten bieten Religionen Haltegriffe dazu. Sie bieten Trost und Hoffnung selbst in ausweglosen Situationen, auch wenn sie sich bei nüchterner, rationaler Betrachtung als Humbug erweisen. Daher wird heute die Berücksichtigung spiritueller Bedürfnisse auch in der Psychotherapie diskutiert.[35]

Der bereits apostrophierte „tierische Realismus“ bleibt sozusagen in der Unmittelbarkeit des Daseins stecken. Ein Löwe, ein Leopard oder ein Wolf möchten sich ihrer Jagdbeute versichern und sich erfolgreich fortpflanzen – das war es dann schon. Reflexionen über ihr eigenes Dasein bleiben ihnen – und allen anderen nicht-menschlichen Geschöpfen – erspart. Die Sinnfrage ist eigentlich ein Luxus, den sich nur ein Lebewesen erlauben darf, das ein wenig über seine unmittelbare Existenz hinausdenkt. Allerdings steht diese Frage – beim Menschen – auch im Zusammenhang mit der konkreten Daseinsbewältigung. Sein ausgeprägtes Bewusstsein brachte dem Menschen enorme Vorteile, die sich in seinen vielfältigen kulturellen Aktivitäten manifestieren und sein Leben – auch im strikt biologischen Sinn – durchaus erleichtern. Aber genau dieses Bewusstsein verursacht ihm auch manche Quälerei. Kein anderes Lebewesen stellt sich Fragen wie „Wer bin ich?“, „Woher komme ich?“, „Wohin gehe ich?“ – und nicht zuletzt „Was soll das alles bedeuten?“. Mit diesen Fragen können Religionen sozusagen einen guten Start hinlegen. Und mögen ihre Antworten auch noch so diffus daherkommen und jeder Rationalität entbehren – es ist nicht zu übersehen,

34 Wuketits, Darwins Kosmos. Aschaffenburg 2009.

35 Vgl. z. B. Utsch, Spirituelle Psychotherapie. 2008, S. 52-55.

dass viele Menschen ihr Denken lieber ihnen öffnen als (natur-)wissenschaftlichen Erkenntnissen beziehungsweise einer darauf beruhenden *naturalistischen Philosophie*, in der ein objektiver Sinn dieser Welt keinen Platz findet.

Ein Nutzen, den Religionen in der Evolution des Menschen gewonnen haben, ist wahrscheinlich die Stärkung der Vitalität und der Widerstandskraft des Menschen bei Belastungen.[36] Eine solche Stärkung ist wohl um so mehr zu erwarten, je stärker der Glaube an einen harmonisch geordneten Kosmos ausgeprägt ist, in dem jeder einzelne seinen Platz hat und sich gar geborgen fühlen kann. Für Theologen bedeutet daher „Leben" nicht nur eine biologische Entität, sondern auch ein transzendentes Ereignis.[37] Dabei ist aber auch nochmals auf das bereits erwähnte subjektzentrierte Denken hinzuweisen. Das größte Problem des zum Bewusstsein gekommenen Menschen dürfte gewesen sein, sich inmitten einer ihm zunächst rätselhaften Welt zu begreifen. Da lag es nahe zu glauben, dass die Welt für ihn gemacht sei und er sich ihrer Gaben bemächtigen dürfe, wobei – frühe Religionen deuten darauf hin – er sich aber gleichzeitig auch verpflichtet sah, sich für diese Gaben bei „Gott" zu bedanken.[38] Religiöse Erntedankfeste gehören noch heute zu einem verbreiteten Brauchtum.

Das Zweckdenken ist elementarer Bestandteil unseres Erkenntnisapparates[39] und hatte ursprünglich noch nichts mit Religiosität zu tun. Aber es ist eine jener kognitiven Dispositionen unserer Spezies, die religiösen Glauben ermöglicht haben. Das Erkennen von Zwecken lieferte den Antrieb für die Frage nach einem universellen Sinn, deren positive Beantwortung dem Menschen auch in schwierigen Lebenssituationen Haltegriffe bieten sollte. Die in diesem Zusammenhang natürlich wichtige Frage, ob religiöses Verhalten – wie manche andere Verhaltensweisen – angeboren sei, ist zwar empirisch schwer zu beantworten, aber es ist schwer zu leugnen, dass in der Stammesgeschichte des Menschen Dispositionen entstanden sind, die die Entstehung und Entwicklung von religiösem Verhalten begünstigen.[40] Zu diesen Dispositionen gehört das Zweckdenken, die „Zweckhypothese",

36 Stieve, Über biologische Wurzeln religiösen Verhaltens. Gütersloh 2000, S. 42-65.

37 Vgl. z. B. Lonning, The Concept of Life in Theology. Aarhus 1987, S. 133-140.

38 Vgl. Koppers, Der Urmensch und sein Weltbild und Wuketits, Evolution und die Frage nach dem Sinn, 2003, S. 78-88.

39 Riedl, Biologie der Erkenntnis, S. 173.

40 Stieve, Über biologische Wurzeln religiösen Verhaltens, S. 42-65.

welche uns erlaubt, die Welt um uns herum und unsere eigene Position in ihr zu deuten. Aber:

> „Die Zwecke, die er [der Mensch] für ein Verständnis seiner Unterordnung in der Natur zu benötigen meint, wandern meist gänzlich in ein Ideenreich jenseits der Möglichkeiten seiner Kontrollen. Und hier blüht ihm folgerichtig ein Reich der Demiurgen, Hexen und Gespenster; aus dem idealistischen Hochmut, die ganze Welt in Zwecken seiner Art zu sehen, die ganze Teufelei des Aberglaubens."[41]

Mag auch der Aberglaube – schon in der volkstümlichen Bedeutung des Wortes – als „Irrglaube" aufgefasst und in den Bereich der Magie delegiert werden, so ist doch nicht zu übersehen, dass er in der Geschichte der Religionen seinen festen Platz hat, wovon der Hexenglaube, die Praxis der Teufelsaustreibung, Totenkulte und so weiter Zeugnis ablegen. In weiten Bereichen finden sich zwischen Magie und Religion durchaus Übereinstimmungen[42] (und persönlich fällt es mir schwer, zwischen Magie und Religion zu unterscheiden).

„Totenkult" ist auch bereits das Stichwort für einen weiteren Komplex alter menschlicher Denkmuster, die religiöses Verhalten ermöglicht und forciert haben.

Todesbewusstsein

Ohne das Bewusstsein der eigenen Endlichkeit, ohne das *Todesbewusstsein*, wären Religionen wahrscheinlich gar nicht entstanden. Oder, vorsichtiger formuliert: „Im Todesbezug erschöpft sich Religiosität zwar nicht, doch was wäre sie ohne den Stachel des Todes …?" [43] Und Volker Sommer stellt Folgendes fest:

> „Unsere Existenz ist … unter einem Spannungsbogen angesiedelt: Wir streben nach Unsterblichkeit und lassen deshalb Wissenschaft und Bewusstsein ihre Zepter Schwingen; in der Erdkrume schlummert die von Weisheit und Gefühl durchdrungene Gegenwelt der 'Großen Mutter' mit ihrem Stirb und Werde. Es ist in keinem Falle

41 Riedl, Biologie der Erkenntnis, S. 173.

42 Vgl. Firth, Magic and Religion. New York 1983, S. 341-359.

43 Vaas / Blume, Gott, Gene und Gehirn, S. 19.

> einfach, im Althergebrachten ungewollten Plunder von jenem Kompost zu trennen, auf dem wir weiter gedeihen möchten."[44]

Ja, wir sind sterblich und wissen das, und daher ist der Gedanke an Unsterblichkeit in unserer Geistesgeschichte tief verwurzelt. Strikt biologisch gesehen kann der Tod als eine evolutionäre Erfolgsstrategie zugunsten von mehr Leben gesehen werden,[45] was vielleicht paradox erscheint, aber ewiges Leben im buchstäblichen Sinn wäre aus biologischer Sicht erst recht ein Widerspruch in sich.

In wie vielfältigen Formen der Mensch sich mit seiner eigenen Sterblichkeit auseinandersetzt, zeigt schon ein kursorischer Blick auf seine Kulturgeschichte. Literatur, Malerei, Musik, Film – jedes dieser Genres des menschlichen Kulturschaffens enthält manch kraftvollen Ausdruck des (oft verzweifelten) Bemühens, den Tod zu bewältigen. Lebhaften Ausdruck findet aber auch das Bedürfnis nach Unsterblichkeit, so dass in den Vorstellungen vieler – wenn nicht der meisten – Völker der Tod nichts Endgültiges darstellt, sondern als „Übergang" betrachtet wird. Der Weg ins „Totenreich" wird zwar sehr unterschiedlich gedacht (als paradiesischer Ort, als Hölle, als Unterwelt), aber auch als gefährlich angesehen, so dass den Verstorbenen häufig auch Nahrung für ihre „lange Reise" ins Grab mitgegeben wird. Manche Völker huldigen dem Glauben, dass Bestattungszeremonien Voraussetzung für einen „gültigen" Tod sind; die Seele der Verstorbenen wandert diesem Glauben zufolge zu ihrer neuen Wohnstatt, um dort von der Gemeinschaft der Toten aufgenommen zu werden.[46] Gedanken über den Tod hat sich schon der prähistorische Mensch auf der Stufe des *Homo sapiens* und des Neandertalers gemacht. Von den Neandertalern weiß man längst aufgrund verschiedener Funde, dass sie Körperbestattungen in Gräbern vorgenommen, ihre Verstorbenen also „behandelt" haben.[47] Bei aller gebotenen Vorsicht, die die Interpretation solcher Funde gebietet, ist hier doch die Schlussfolgerung naheliegend, wenn nicht gar zwingend, dass auf dem Entwicklungsniveau dieser Menschen ein Todesbewusstsein mit Jenseitsvorstellungen ausgeprägt war. Diese Funde wurden vielfach als erste Zeugnisse für religiösen Glauben angesehen.[48] Möglicherweise haben sich

---

44 Sommer, Die Vergangenheit einer Illusion. Stuttgart 1993, S. 238.

45 Verbeek, Sterblichkeit, der paradoxe Kunstgriff des Lebens. Berlin 2015, S. 59-73.

46 Vgl. Eliade, Das Heilige und das Profane. Hamburg 1957.

47 Vgl. z. B. Schmitz / Thissen, Die Geschichte geht weiter. Heidelberg 2000.

48 Vgl. z. B. Lumsden / Wilson, Promethean Fire. Cambridge, Mass. 1983.

Menschen die Frage nach dem „Danach“ aber auch schon früher, vor drei- oder vierhunderttausend Jahren gestellt.[49] Vielleicht auch „ist eine religiöse Haltung dem Tod und den Toten gegenüber bereits vom Anfang des Menschseins an denkbar und wohl vorauszusetzen“.[50] Aber auch in diesem Zusammenhang geht es nicht so sehr um eine mehr oder weniger genaue Datierung. Wichtig ist vielmehr, dass sich praktisch alle Religionen auf die eine oder andere Weise mit dem Tod auseinandersetzen, so dass das Todesbewusstsein als eine ganz entscheidende Triebkraft für die Entstehung des religiösen Glaubens angesehen werden muss. Sobald der Mensch sich seiner Sterblichkeit bewusst wurde, war sie ihm auch nicht mehr gleichgültig.

Wenn auch dem Menschen bereits früh klar geworden sein wird, dass seine Körperfunktionen nur über einen begrenzten Zeitraum aufrechterhalten werden können, so konnte er doch die Hoffnung hegen, dass es eine (immaterielle) unsterbliche Seele gibt, die den einmal Verstorbenen sozusagen ins Jenseits rettet oder ihm ein Weiterleben in anderer Form ermöglicht. Doch wäre es zu einfach, den Tod und den Gedanken an ein „Weiterleben danach“ als Phänomen für sich zu betrachten. Jenseitsvorstellungen nähren sich auch von dem Wunsch nach *Gerechtigkeit* und enthalten – recht ausdrucksstarke – Vorstellungen von *Schuld* und *Sühne*, *Lohn* und *Strafe*. Details dazu hier auszubreiten, sollte sich erübrigen. (Anton Grabner-Haider befasst sich in diesem Zusammenhang im vorliegenden Buch mit der moralischen Funktion des religiösen Glaubens.) Vorstellungen von „Himmel“ und „Hölle“ sind jedermann bekannt. Tatsache bleibt, dass sich viele Menschen in Anbetracht ihrer eigenen Sterblichkeit sagen, dass das Leben hier und jetzt doch nicht alles sein kann und den Tod nicht einfach hinnehmen wollen. Nicht jeder wird sich so leicht von Epikur trösten lassen: „Solange wir sind, ist der Tod nicht da, und sobald er da ist, sind wir nicht mehr. Folglich geht er weder die Lebenden an noch die Toten, denn die einen betrifft er nicht, und die anderen sind nicht mehr.“[51] Nun hat uns zwar die Evolution ganz offensichtlich mit „Verdrängungsmechanismen“ ausgestattet, denn obwohl wir wissen, dass wir sterblich sind, denken wir nicht unentwegt daran. Rational weiß jeder von uns, dass mit jedem seiner Geburtstage sein Lebensende immer näher kommt. Aber die wenigsten von uns verzweifeln deswegen, selbst Neunzigjährige finden sich – gar nicht so selten – in der Situation, ihren Geburtstag zu feiern, und das, ohne sich

49 Vgl. Kilian, Die Logik der Nicht-Logik.
50 Müller-Karpe, Geschichte der Steinzeit. München 1974, S. 248.
51 Zit. in Jürß et al., Griechische Atomisten. Leipzig 1991, S. 236.

ihren Ehrentag von der Aussicht auf das nunmehr immer näher kommende Ableben verderben zu lassen. Wäre das anders, dann müsste ja bei jedem Menschen mit jedem vollendeten Lebensjahr die Suizidgefährdung steigen, was jedoch offensichtlich nicht der Fall ist. (Ausnahmen mögen die Regel bestätigen.) Aber anscheinend sind die evolutionär programmierten Verdrängungen der Aussicht auf den eigenen Tod vielen Menschen dann doch nicht genug: Im Bewusstwerden der eigenen Sterblichkeit wollen sie *Unsterblichkeit*, „ewiges Leben".

Die Vorstellung ist ja in der Tat nicht so leicht zu verkraften: Das Weltgeschehen, selbst die Geschehnisse im eigenen, kleinen sozialen Umfeld, das man hinter sich gelassen hat (oder hinter sich lassen musste), setzen sich unbeirrbar fort, obwohl man selbst nicht mehr dabei ist, nicht mehr an ihnen teilhaben, nicht mehr „eingreifen" kann. Da mag die Vorstellung, von einer „höheren Warte" aus, im „Jenseits", sozusagen die Beobachterposition einnehmen zu können, eine trostvolle sein. Und nicht zu vergessen ist der Umstand, dass in Religionen das Jenseits stets angenehmer gezeichnet wird als das Diesseits – jedenfalls für alle diejenigen, die, im Sinne „höherer Gerechtigkeit" nach ihrem Tod, endlich ihre Ruhe, ihren Frieden und ihre Belohnung für ihr davor rechtschaffenes Leben finden. Das Jenseits winkt vor allem auch mit Belohnungen, so dass der, der daran glaubt, sich der Illusion hingeben darf, dass er den im „Diesseits" vergeblich erwarteten Lohn dann doch noch irgendwann einstreichen wird – und dies für alle Ewigkeit …

Religion als soziales Klebeband

Die Suche nach dem Sinn des Daseins und das Bestreben, die eigene Sterblichkeit zu bewältigen, könnte man als Antriebe für religiösen Glauben auf individueller Ebene deuten. Aber Religionen erfüllen offensichtlich auch eine überindividuelle, gesellschaftliche Funktion. Sie fördern den Gruppenzusammenhalt. Es ist eine plausible Annahme, dass sich religiöser Glaube im Dienste des Gruppenzusammenhalts entwickelt hat, weil das soziale Band in immer größer werdenden Gruppen nicht mehr auf der Basis persönlicher Beziehungen geflochten werden konnte, sondern einander nicht persönlich bekannte Individuen durch einen gemeinsamen Glauben zusammengeschweißt werden mussten.[52] Auch Anton Grabner-Haider

52 Vgl. Dunbar, The Social Brain and Its Implications. Berlin 2010.

weist in seinem Beitrag in diesem Buch ausdrücklich darauf hin. Dabei fügte sich die Entwicklung der Religionen in ein allgemeines Muster menschlichen Sozialverhaltens ein. Beim Menschen als einem von Natur aus sozialen Lebewesen besteht die Neigung, irgendwo dazugehören zu wollen; niemand will das sprichwörtliche fünfte Rad am Wagen sein. Das *Kleingruppenwesen Mensch* hat in den jüngsten Etappen seiner sozialen Evolution allerdings den beispiellosen Weg in die *Massengesellschaft* eingeschlagen. Da diese nicht mehr auf der Basis persönlicher Beziehungen organisiert ist, sind andere Mechanismen in Kraft getreten, um sie zusammenzuhalten. Einer dieser Mechanismen besteht in gemeinsamen Überzeugungen. Das können zum Beispiel politische Überzeugungen sein („meine Partei") oder die Anhängerschaft eines Fußballclubs („mein Club"). Gemeinsame religiöse Vorstellungen sind eben ein weiteres Beispiel. Stets geht es dabei um die Stärkung eines *Wir-Gefühls*. „Mythen schaffen als Teil des 'Wir' personale Identität und sie liefern das Kriterium zur Ausgrenzung der anderen."[53]

Es ist eine einfache Erfahrungstatsache, dass Menschen – auch Fremde – einander umso besser verstehen, je mehr sie gemeinsam haben. Ebenso ist es leicht nachvollziehbar, dass Menschen dazu neigen, ihre eigene Gruppe (ihre eigene Ethnie, ihre eigene Nation und so weiter) zu überhöhen und gleichzeitig die Anderen – die eben nicht dazugehören – auszugrenzen, wobei diese Ausgrenzung bis zum ausgesprochenen Fremdenhass führen kann. Einen sehr umfassenden historischen Überblick dazu gibt Erhard Oeser.[54] Zu den Wesensmerkmalen unserer Gattung gehört ganz offensichtlich die Fähigkeit, mit Artgenossen in Interaktion zu treten und zu kommunizieren.[55] Hier konnten Religionsstifter immer gut ansetzen. Gemeinsam – auch in Großgruppen – etwas zu feiern, ein allen erstrebenswertes Ziel zu verfolgen oder auch bloß zu wissen, dass man mit seinen Überzeugungen und Vorstellungen nicht allein dasteht, vermittelt dem Einzelnen ein beruhigendes Gefühl. Religiöser Glaube wurde daher von Anfang an nicht als Privatangelegenheit gepflegt, sondern in Gruppen. Die wiederum neigten stets dazu, sich nach außen – gegenüber anderen (Individuen und Gruppen) – zu präsentieren, analog zum in der Verhaltensforschung bestens bekannten Imponier- und Balzverhalten: „Öffentliches Ritual und Beten sind auch eine öffentliche Balz, und der Balzruf lautet: 'Vor den Göttern habe ich

53 Voland, Hat Gott Naturgeschichte?, S. 33.
54 Oeser, Die Angst vor dem Fremden. Darmstadt 2015.
55 Vgl. Vogeley et al., Soziale Kognition, 2013, S. 13-39.

berechtigte Angst, aber vor den weltlichen Aufgaben nicht'".[56] Aber dieser öffentliche und kollektive Balzruf will auch signalisieren, dass der *eigene* religiöse Glaube der einzig richtige sei. Wir kommen darauf noch zurück.

In der gemeinsamen Religionsausübung, die bekanntlich sehr unterschiedliche Rituale umfasst, manifestiert sich der Glaube an übernatürliche Wesen, der ein gegenseitiges Verständnis der Glaubenden voraussetzt, so dass natürlich auch der gemeinsamen Redeweise große Bedeutung zukommt.[57] Ist eine bestimmte Sprache als solche schon ein soziales Klebeband, so wird dieses noch verstärkt, wenn die Sprache auch überindividuell geglaubte religiöse Inhalte zu kommunizieren vermag. Dabei ist auch nicht zu vergessen, dass gemeinsamer Glaube dem einzelnen ein Gefühl von Überlegenheit und Stärke vermitteln kann: Seine Stärke ist die Stärke der Gruppe, sein Wegweiser der heilige Bund.[58] Je größer die Gruppe, desto besser. Religionen zeigen daher auch eine Tendenz zur Expansion, was heutzutage vor allem auf den Islam zutrifft. Damit einher geht der in der Literatur zum Thema häufig diskutierte Umstand, dass religiöse Menschen in der Regel reproduktionsfreudiger sind als nicht religiöse.[59] Hier könnte man dann sagen, dass religiöser Glaube sogar einen unmittelbaren biologischen Nutzen, also Überlebensvorteile mit sich bringt, die umgekehrt wiederum ihm selbst dienen. „Religion überlebt", meinte Hayek, „weil sie Kinder zeugt, nicht weil sie wahr ist."[60] Zwar wohnt jeder Religion ein gewisser Wahrheitsanspruch inne, aber wesentlich ist vor allem ihre erfolgreiche Ausbreitung (womit der Wahrheitsanspruch sich automatisch mit „vermehrt").

Grundsätzlich lässt sich an dieser Stelle festhalten, dass Religiosität und im Weiteren ihre Manifestation in verschiedenen religiösen Glaubenssystemen in den jüngeren Phasen der sozialen Evolution des Menschen eine bedeutende Rolle gespielt haben. Hat einerseits die Gruppenbildung die Ausbreitung religiöser Überzeugungen ermöglicht, so haben andererseits diese Überzeugungen entscheidend zur Stabilität von Gruppen beigetragen – aber auch unzählige (blutige) Konflikte ausgelöst.

56 Kilian, Die Logik der Nicht-Logik, S. 81.

57 Vgl. Palmer und Steadman, With or Without Belief. 2004, S. 138-147.

58 Wilson, On Human Nature. New York 1978.

59 Siehe zur Übersicht Blume, Homo religiosus. In: Gehirn & Geist Dossier 2/2011, S. 26-35, und Vaas / Blume, Gott, Gene und Gehirn.

60 Zit. in Voland, Hat Gott Naturgeschichte?, S. 35.

Unsere soziale Evolution insgesamt enthält eine konstruktive und eine destruktive Komponente. Die konstruktive zeigt sich in der Kooperation und gegenseitigen Hilfe, die bei allen Gesellschaften anzutreffen sind. Die destruktive manifestiert sich in der Ausgrenzung anderer und kann zu Aggressionen und kriegerischen Auseinandersetzungen führen, die auch keiner Gesellschaft fremd sind. Entgegen früheren Annahmen und Hoffnungen wissen wir heute, dass es keine wirklich gewaltfreien Gesellschaften gibt, wenn auch Gewalthandlungen in den einzelnen Gesellschaften mit unterschiedlicher Intensität auftreten.[61]

Religionen und die Wurzeln der Übel

Das hier bisher Gesagte sollte zur Klärung der Frage beitragen, woher Religiosität stammt, wie und warum sich religiöser Glaube in der Evolution unserer Spezies entwickelt hat. Ich beeile mich zu bemerken, dass dabei noch Manches einer genaueren Analyse bedarf. Die Disposition zu religiösem Glauben ist, wie E.O. Wilson[62] betont, die komplexeste Kraft des menschlichen Geistes. Ich habe daher zumindest grob darzulegen versucht, dass die Entstehungs- und Entwicklungsgeschichte dieses Glaubens auf verschiedene, sich wechselseitig beeinflussende Faktoren zurückzuführen ist und sich nicht losgelöst von anderen Antrieben unserer geistigen und sozialen Evolution verstehen lässt. Gleichzeitig wirft Religiosität – in verschiedenen ihrer Facetten – auch einiges Licht auf die Natur unserer Spezies. Ganz offensichtlich geht vom religiösen Glauben eine starke Attraktion aus: Er hat der Aufklärung getrotzt, findet selbst in seinen abstrusesten Formen nach wie vor seinen lebhaften Ausdruck und konnte weder von den Erkenntnissen moderner Naturwissenschaften, noch von säkularen Ideologien wie dem Marxismus verdrängt werden. Etwas Positives muss diesem Glauben also innewohnen, etwas, was sogar im strikt biologischen Sinn menschliches Leben und Überleben fördert.

Aber man muss die Augen schon fest schließen, wenn man übersehen will, welches Unheil dieser Glaube in der Geschichte der Menschheit auch bereits angerichtet hat. Davon soll in der Folge die Rede sein, wobei sich

61 Vgl. auch Wuketits, Gewalt: Ihre Formen und Ursachen, 2015, S. 61-72, und Wuketits, Mord. Krieg. Terror. Stuttgart 2015.

62 Wilson, On Human Nature. New York 1978.

zeigen wird, dass sich die Unheil bringenden Kräfte letztlich wiederum nur auf der Grundlage biologischer Dispositionen hinreichend verstehen lassen. Es sind aber nicht diese Dispositionen, die *von vornherein* Unheil bringen, dieses sozusagen determinieren. Erst ihre Verbindung mit spezifischen Lebensumständen – also auch mit weltanschaulichen / religiösen Grundhaltungen – kann sich unheilvoll auswirken, und zwar für den Einzelnen genauso wie für sein Kollektiv.

Unheilige Allianzen

Anton Grabner-Haider[63] stellt lapidar fest: „Aus kulturgeschichtlicher Sicht war die christliche Theologie zu keinem Zeitpunkt moralisch unschuldig." Auch wenn Theologie (als eine alte akademische Disziplin) nicht mit religiösem Glauben gleichzusetzen ist, sind doch Theologen die Gralshüter religiöser „Wahrheiten" und damit *die* Repräsentanten jenes Glaubens, denen die theologisch arglosen Glaubenden nachbeten. Es ist eine historische Tatsache, dass religiöse Führer schon früh Allianzen mit weltlichen Herrschern eingingen,[64] um damit ihre eigenen Machtansprüche geltend zu machen.

Ein Beispiel aus der neueren Geschichte ist – wie ebenfalls Anton Grabner-Haider[65] überzeugend dargelegt hat – die Verbindung von Theologie und nationalsozialistischer Ideologie. Ein fürwahr dunkles Kapitel in der (neueren) Geschichte des Christentums. Nach 1945 und bis zum Ende des 20. Jahrhunderts behaupteten Theologen und Kleriker meistens, dass diese Ideologie ein „gottloses" Unternehmen gewesen sei. Tatsächlich aber weiß man mittlerweile, dass auch von theologischer Seite Jahrzehnte lang ideelle Vorarbeit für den Nationalsozialismus geleistet worden war. Hitler übernahm manche „Argumente" von evangelischen wie katholischen Theologen, die zu Beginn des Ersten Weltkriegs für Offiziere und Feldgeistliche vorbereitet worden waren. Ideengeschichtlich von Interesse ist dabei auch der Umstand, dass der Nationalsozialismus auf allgemeineren sozialdarwinistischen Vorstellungen beruht, denen ihrerseits ein geradezu mystischer, religiöser Glaube an Naturkräfte innewohnte.[66]

63 Grabner-Haider, Der dunkle Schatten der Theologie. Paderborn 2012, S. 113.

64 Siehe auch Wuketits, Was Atheisten glauben.

65 Grabner-Haider, Hitlers Theologie des Todes, Kevelaer 2009, und Grabner-Haider, Der dunkle Schatten der Theologie.

66 Vgl. Stein, The Biological Bases of Ethnocentrism. Athens 1987, S. 251-267.

Ein früheres Beispiel für eine unheilvolle Allianz weltlicher und geistlicher Kräfte sind die im ausklingenden Mittelalter begonnenen Hexenverfolgungen, die sich zu einem wahren *Hexenwahn* steigern und bis ins 18. Jahrhundert andauern sollten.[67] Zwar ging die Initiative zu den Hexenverfolgungen von kirchlicher Seite aus, aber weltliche Gerichte waren an den Verurteilungen und Verbrennungen vermeintlicher Hexen ebenso beteiligt. Auch wenn der Hexenwahn ungleich weniger Menschenopfer gefordert hat als das Dritte Reich und der Zweite Weltkrieg, findet sich in beiden Fällen ein erschreckendes psychologisches Grundmuster, das sich praktisch durch die ganze Menschheitsgeschichte zieht: Massenhysterie in Verbindung mit einem ausgeprägten Denunziantentum. Ein Denunziant folgt archaischen Verhaltensanleitungen.[68] Indem er einen anderen „verpetzt", biedert er sich an höherer Stelle an, wird dort positiv (als nützlicher Handlanger) wahrgenommen und weiß sich selbst damit geschützt. Außerdem kann er mit dem Denunzieren jemanden loswerden, der ihm persönlich ein Dorn im Auge ist, gegen den er allein aber nichts auszurichten vermag. Der Denunziant erzielt also gleich ein mehrfaches Plus. Bestimmte ideologische und / oder religiöse Rahmenbedingungen sind dem Denunziantentum überaus förderlich. Das ist ja das Erschreckende daran.

Ein weiteres abscheuliches Beispiel für die Allianz von Geistlichkeit und Weltlichkeit ist die *Inquisition*. Die Aufspürung von „Ketzern" und deren Bestrafung ist eines der düstersten Kapitel des Mittelalters. Die Macht der Inquisition war enorm, und die Inquisitoren brachten bei der Anwendung von Foltermethoden viel Phantasie auf. Zu den Folterinstrumenten gehörten Daumenschrauben, heiße Zangen, Kohlepfannen, Peitschen, Streckbänke und noch andere „Teufelsinstrumente". Im vorliegenden Zusammenhang von Interesse ist, dass die Kirche selbst nicht die Todesstrafe gegen Ketzer aussprach, sondern diese einem weltlichen Gericht überließ. Das durfte einem Verurteilten nicht zum Trost, sondern musste ihm geradezu zum Hohn gereichen – weil er dann eben durch das Urteil eines anderen Richters hingerichtet wurde.

Die Hexenverfolgungen und die Inquisition, nicht zuletzt aber etwa auch die *Kreuzzüge* geben klar zu erkennen, dass die Anhänger bestimmter Religionen dazu neigen, ihren Glauben als den einzig richtigen anzusehen und sich als Wächter über die „guten Sitten" aufspielen. Das erwähnte Wir-Gefühl liefert ihnen dazu eine solide psychologische Basis. Die Überzeu-

67 Vgl. z. B. Grabner-Haider et al., Fanatismus und Massenwahn. Graz 1987.
68 Vgl. Wuketits, Gewalt: Ihre Formen und Ursachen. 2015, S. 61-72.

gung, der eigene Glaube sei der einzig wahre, diskriminiert zugleich alle anderen als „Ungläubige“, die es zu verachten und zu bekämpfen gilt. Mit anderen Worten: Diese Überzeugung generiert *Feinbilder*, und Feinden begegnet man nun einmal nicht mit Wohlwollen. Es ist beinahe überflüssig zu betonen, dass das biblische Gebot „Du sollst nicht töten“ nur auf die Angehörigen des einigen Volkes bezogen wird, nicht aber auf andere Völker, denen ja in der Perspektive der „Rechtgläubigen“ kein moralischer Status zukommt und die daher vernichtet werden sollen. Das Alte Testament liefert dazu ebenso eindrucksvolle wie grausame Beispiele. Das Tötungsverbot lässt sich leicht in ein *Tötungsgebot* umkehren, und religiösen Fanatikern, die meinen, im Auftrag Gottes handeln zu müssen, bieten sich genügend Anlässe, dieses Gebot auch anzuwenden. „Man hüte sich also vor den ‘Erleuchteten’ und all jenen, die im Namen Gottes die Welt verbessern und von der Sünde befreien wollen und sich dazu aus ‘moralischen’ Gründen berufen fühlen.“[69] Doch wie der Islamismus oder islamische Fundamentalismus heute zeigt, gehören Grausamkeiten im Namen Gottes keineswegs der Vergangenheit an. Darauf wird noch zurückzukommen sein.

Wie schon gesagt wurde, hegen wir Menschen als soziale Lebewesen den Wunsch, irgendwo dazuzugehören, uns irgendwo anzuschließen. Das gehört zu unserer stammesgeschichtlichen Mitgift, welche aber unter anderem auch die Disposition zur Dominanz und zur Unterordnung enthält und ebenso die Neigung, Erfolge der Gruppe als eigene Erfolge wahrzunehmen. Ohne diese biologisch verankerten, ideologisch zunächst völlig neutralen Dispositionen wären Ideologien – säkulare oder religiöse – nicht durchzusetzen.[70] Machtansprüche weltlicher und religiöser Führer erklären sich daher letztlich aus uralten „Verhaltensanleitungen“ unserer Gattung. In der gegenseitigen Unterstützung bei der Durchsetzung ihrer Machtansprüche war beiden oft jedes Mittel recht – und den Verlust unzähliger Menschenleben haben sie als notwendig erachtet oder einfach in Kauf genommen. Denn nach einem archaischen Verhaltensmuster ist es ja dabei nicht zuletzt darum gegangen, unliebsame Feinde loszuwerden, denen man im Allgemeinen ohnehin den Status von Minderwertigkeit zuschreiben kann. Aber dieses Verhaltensmuster gehört nicht der Vergangenheit an, sondern wird in der Gegenwart weitergesponnen.

---

69 Wuketits, Warum uns das Böse fasziniert. Stuttgart 1999, S. 82.

70 Siehe auch Wuketits, Gewalt: Ihre Formen und Ursachen. S. 61-72, und Wuketits, Mord. Krieg. Terror. Stuttgart 2015.

Religionen und die Wurzeln der Kriege

Die Vermutung, dass die Fähigkeit zu Religiosität eine evolutionäre Anpassung an die Kriegsführung sei, wird man vielleicht für eine Übertreibung halten oder als einseitige Erklärung der Entstehung des religiösen Glaubens abtun. Tatsache aber ist, dass Religionen zu den entscheidenden Motiven für Kriege zählen oder dass Kriege beziehungsweise kriegsähnliche Vernichtungsaktionen (wie die Kreuzzüge) wesentlich religiös motiviert waren.[71] Religiöser Glaube, wenn individuell und sozusagen in aller Stille ausgeübt, ist harmlos, aber dabei bleibt es leider nicht:

Die ganz normalen Bürger wollen verständlicherweise ihren Glauben ausüben und ihre eigene religiöse Identität behalten und friedlich danach leben. Aber es sind auch die ganz normalen Bürger, die sie im entsprechenden kulturellen Umfeld demonstrativ – und zur Provokation der Andersgläubigen – ausleben wollen [öffentliche Balz, siehe oben!]. Die Andersgläubigen sind ihnen ein Dorn im Auge.

„Das kann bei einem relativ zivilisierten und gewaltfreien Kulturkampf bleiben, wie z. B. im Deutschland der Bismarckzeit … Es kann aber auch zu einem erbitterten Glaubenskrieg führen, der in einen Genozid ausartet – ungeachtet der Tatsache, dass die beteiligten Religionen (oder Spielarten derselben) oft von ihrem offiziellen Selbstverständnis her tolerant und friedlich sind.“[72]

Dieses Selbstverständnis ist oft trügerisch. Wenn die „Anderen“ auch nur scheinbar eine gewisse Gefahr darstellen, werden sie bekämpft. Natürliche, zunächst ja neutrale bis positive Abwehrmechanismen gewinnen dann an Verstärkung und verselbständigen sich sozusagen.

Religiös motivierte Kriege sind ein besonders – hier beinahe wörtlich – „schlagendes“ Beispiel für die Polarität „Wir und die anderen“. Sie werden von den Kriegstreibern als gerecht empfunden, wobei die Lehre vom gerechten Krieg eine christliche Lehre ist, deren Fundament – so paradox das auch klingen mag – die vom Menschensohn gepredigte Frohbotschaft der Liebe darstellt.[73] Denn es ist die Lehre von einem moralischen Ausnahmezustand, der auf dem Einbruch des Bösen in die Welt beruht. Grundsätzlich beherrscht der Mensch sehr gut die „Kunst“, das Böse auf alles irgendwie

71 Vgl. z. B. Verbeek, Die Wurzeln der Kriege. Stuttgart 2004, und Wuketits, Gewalt: Ihre Formen und Ursachen.

72 Verbeek, Die Wurzeln der Kriege. S. 15.

73 Vgl. Adam, Die Bekämpfung des Bösen. Berlin 1993, S. 303-310.

Andersartige zu projizieren, wobei eine „Dehumanisierung" des (vermeintlichen) Gegners oder Feindes genügt.[74] Die Anderen, hier: die Ungläubigen, sind die Bösen, Untermenschen eigentlich, die es zu bekämpfen gilt. Das ist auch ganz offensichtlich die Überzeugung der heutigen islamistischen „Gotteskrieger", deren mittelalterliches Dschihad-Konzept den endgültigen Weltfrieden erst dann gekommen sieht, „wenn die gesamte Welt dem 'Haus des Islams / Friedens' unterworfen ist – pax islamica –, entweder durch Konversion oder durch politische Unterwerfung".[75] Der Versuch, die religiöse Doktrin staatlich durchzusetzen, ist so gesehen durchaus konsequent. (Die kulturgeschichtlichen Hintergründe des Islam werden im vorliegenden Band von Anton Grabner-Haider ausführlich erläutert.)

Bei den islamistischen Gotteskriegern denkt man unweigerlich an *Selbstmordattentäter.* Sind deren Wahnsinnstaten mit biologisch verankerten Verhaltensdispositionen noch irgendwie zu vereinbaren? Wie bereits betont wurde, kann gemeinsamer religiöser Glaube auch eine große Zahl von Individuen zusammenschweißen. Er ermöglicht über die Identifikation mit einer Kleingruppe hinaus das Gefühl der Zugehörigkeit zu einer weit größeren Gruppe, die mit dem religiösen Band als *Pseudofamilie* zusammengehalten wird:

> „Aus Sicht des Individuums handelt es sich bei einem Selbstmordattentat also um eine extreme Form der Aufopferung für die eigene Gruppe, verbunden mit maximaler Aggression gegenüber Fremden. Aus Sicht der Gruppe handelt es sich um ein notwendiges Mittel zum Zweck, wenn die Selbstbehauptung aufgrund der eigenen militärischen Schwäche nicht möglich erscheint. Die Religion ist vor allem als religiöser Unterschied von Bedeutung, da er das Gefühl von Fremdheit verstärkt."[76]

Dabei ist auch noch zu berücksichtigen, dass die Selbstmordattentäter eine Belohnung im Jenseits erwarten dürfen, ein glückliches „ewiges Leben", während ihre Feinde für immer in der Hölle schmoren müssen. Natürlich setzt das einen besonders starken Glauben voraus, den nicht jeder beliebige Mensch aufbringen kann. Unter den heute über sieben Milliarden Menschen sind Selbstmordattentäter nicht die Regel, sondern die absolute Ausnahme, doch ist jeder einzelne genau einer zu viel. Und das Problem ist,

74 Siehe auch Wuketits, Mord. Krieg. Terror.

75 Grabner-Haider et al., Kulturgeschichte des frühen Mittelalters. Göttingen 2010.

76 Junker / Paul, Der Darwin-Code. München 2009, S. 84.

dass man ihnen, im Gegensatz zu „gewöhnlichen“ Verbrechern, nicht ernsthaft drohen kann. Der gewöhnliche Verbrecher möchte am Leben bleiben, der Gotteskrieger ist nur allzu bereit, sein Leben zu opfern. „Heilige Werte“ sind nicht verhandelbar.[77]

Das Festhalten an einer noch so absurden Ideologie lässt sich als „Verfeinerung“ des uralten Antriebs deuten, irgendwo dazuzugehören, mit- und nachzulaufen. In einer prähistorischen Horde war das Mit- und Nachlaufen eine durchaus vernünftige individuelle Überlebensstrategie, die in künstlich zusammengeschweißten Pseudofamilien allerdings in kollektiven Wahnsinn umschlägt. Das individuelle Wohl im „Diesseits“ tritt dann in den Hintergrund. Das dabei wirksame Grundmuster ist nicht neu. Die den selbsternannten – vorgeblich von Gott inspirierten – Führern „ergebenen Tölpel, gezielt manipuliert und indoktriniert, blicken nicht mehr auf die Sollseite des Kontostands ihres Lebens, sondern verbuchen jede auch noch so dubiose Verheißung als Plus“.[78]

Kriege begleiten die gesamte Menschheitsgeschichte. Selbstverständlich spielen dabei wirtschaftliche Gründe eine sehr wichtige Rolle (schließlich ist die Sicherung von Ressourcen ein elementarer Antrieb des Lebens), aber die meisten aus ökonomischen Gründen geführten Kriege werden auch religiös legitimiert, so wie die Kreuzzüge wirtschaftliche Beweggründe hatten, aber von Papst Urban II. mit *Deus vult* („Gott will es“) gerechtfertigt und überhaupt erst initiiert wurden. In späteren Zeiten war das nicht grundsätzlich anders, denn es erscheint relativ einfach, die Motive für das eigene Tun auf „höhere Mächte“ zu projizieren und andere davon zu überzeugen, auch diesen „Mächten“ zu folgen. Dass die Kriegsgeschichte also insgesamt eine sehr starke religiöse Komponente hat, lässt sich nicht leugnen. Gott liebt seine Kinder – aber eben nur *seine* …

Unheil ist ein treuer Begleiter der Heilsversprechungen vieler Religionen, ja, es drängt sich der Verdacht auf, dass Heilsversprechungen ohne Unheil gar nicht auskommen. Bertrand Russell[79] meinte, dass Religionen uns daran hindern, die fundamentalen Ursachen von Kriegen zu beseitigen. Und er hatte, Geschichte und Gegenwart belegen es, nicht Unrecht. Man kann auch schwer übersehen, dass der Glaube stets als Feind der Aufklärung in Erscheinung getreten ist.[80] Denn der aufgeklärte Mensch ist nicht bereit,

77 Saum-Aldehoff, Ganz normale Terroristen. 2016, S. 28-30.
78 Wuketits, Animal irrationale, S. 106 f.
79 Russell, Why I am Not a Christian. London 1967.
80 Vgl. z. B. Kliemt, Der Glaube als Feind der Aufklärung, 1993.

sich selbst und andere irgendeiner Ideologie zu opfern. Insgesamt kann man sich nicht darüber hinwegtäuschen lassen, dass mit der Entstehung und Entwicklung der Religiosität auch die im Menschen schlummernden destruktiven Potentiale verstärkt wurden und dass religiöser Glaube – in Verbindung mit sozialen, politischen und ökonomischen Faktoren – grausame Exzesse verursacht oder zumindest begünstigt hat.

Schlussbetrachtung

Zweifelsohne haben spezielle Inhalte einzelner Religionen ihre eigene Kulturgeschichte, aber Religiosität als solche ist ein Produkt der biologischen Evolution, eine evolutionäre Anpassungsleistung.[81] Wie alle anderen Organismen-Arten ist der Mensch auf Überleben programmiert, das heißt natürlich nicht auf „ewiges Leben“, sondern auf erfolgreiche Reproduktion, die eine Sicherung von Ressourcen zur Voraussetzung hat. Dabei hat er unterschiedliche Strategien entwickelt. Wie anderen vergesellschafteten Tieren hat auch dem Menschen seine Sozialität oder Geselligkeit in der Evolution einen entscheidenden Nutzen gebracht. Das Leben in der Gruppe bietet dem Individuum Vorteile, verlangt aber auch seinen Preis; es fordert Kooperation und, im weitesten Sinn, Solidarität mit den anderen Gruppenmitgliedern. Je stärker die Solidarität nach innen ausgeprägt ist, desto stärker ist die Tendenz, alle anderen auszugrenzen. Diese in der angelsächsischen Literatur als *in-group / out-group differentiation* bezeichnete Tendenz,[82] die Polarität „Wir und die anderen“, ist ein zentrales Element der sozialen Evolution des Menschen, das unter bestimmten ideologischen / religiösen Rahmenbedingungen verheerende Konsequenzen nach sich zieht.

Der individuelle Mensch will irgendwo dazu gehören – das ist, wie gesagt wurde, eine elementare, in der Evolution entstandene Neigung. Aber die Evolution ist kein Wegweiser, sie gibt dem Einzelnen keine Richtung vor, zeigt ihm nicht, wo ein „Anschluss“ ihm letztlich Nutzen oder Schaden bringen wird. Es macht natürlich einen Unterschied, ob sich jemand beispielsweise einem Verein friedlicher Briefmarkensammler anschließt oder

81 Söling / Voland, Towards an Evolutionary Psychology of Religiosity, 2002, und Voland / Söling, Die biologische Basis der Religiosität in Instinkten. 2004, S. 98-104.

82 Zur Übersicht: van der Dennen, Ethnocentrism. 1986, S. 1-47.

einer terroristischen Organisation. Viele vom Islamischen Staat rekrutierte Kämpfer – vor allem die, die aus Europa freiwillig in den Dschihad ziehen –, sind im Leben entwurzelt, ohne jede persönliche Perspektive. Ich darf wiederholen, was ich schon an anderer Stelle betont habe:

> „Auch sie wollen irgendwo dazugehören …, und da sich ihnen, traurig, offenbar nichts Besseres bietet, ziehen sie den im Heiligen Krieg ihnen auferlegten *Gruppenzwang* einem Leben in Einsamkeit vor. Endlich finden sie Identität, sind im Töten mit anderen vereint, finden in der Gemeinschaft mit diesen anderen die Legitimität, ihre grauenhaften Gewaltphantasien auszuleben, Menschen aus ihren Heimatorten zu vertreiben, zu quälen, zu enthaupten …“.[83]

Vor allem junge Menschen in tristen Verhältnissen sind anfällig für noch so dubiose Ideologien und religiöse Glaubensinhalte; sie sind die tickenden Zeitbomben, die eine religiöse Bewegung insgesamt zu einer noch größeren Zeitbombe machen kann.

Aus evolutionstheoretischer Perspektive hat, wie abschließend nochmals festgestellt werden kann, Religiosität offensichtlich ihren Nutzen. Sie entstand als Orientierungshilfe des Menschen in einer ihm insgesamt nicht sehr freundlich gesinnten Welt und ist mit seiner sozialen Evolution untrennbar verbunden. Aber auf der Basis der alten Polarität „Wir und die anderen“ birgt religiöser Glaube – wenn er in organisierter Form als Massenbewegung auftritt – ein großes Gefahrenpotential. Leider gedeiht dieses Potential nicht im Verborgenen, sondern entlädt sich ganz konkret in vielen Gräueltaten, die in Geschichte und Gegenwart allzu gut belegt sind. Wenn Freud[84] recht hat, dass Religion in einem Massenwahn vielen Menschen die individuelle Neurose erspart, dann bleibt die Frage, ob nicht individuelle Neurosen das kleinere Übel sind gegenüber einer „neurotisierten“ Masse, die ihren Glauben um jeden Preis (kollektiv) durchsetzen will.

Aus Gründen, die aus dem in diesem Beitrag Gesagten hervorgehen, ist nicht damit zu rechnen, dass in absehbarer Zeit Religionen verschwinden werden oder Religiosität aus dem Komplex seelischer und geistiger Regungen des Menschen verschwinden wird. Es ist aber dringend vonnöten – und das ist eine große Herausforderung an unsere Bildungspolitik –, den „Wahrheitsanspruch“ der Religionen zu relativieren, ihnen politische Einflussnahme zu verwehren und vor allem Heranwachsenden mit aller Klar-

83 Wuketits, Mord. Krieg. Terror: Ihre Formen und Ursachen, S. 112 f.
84 Freud, Das Unbehagen in der Kultur [1930], Frankfurt/M. 1953.

heit zu verdeutlichen, dass keine Ideologie und mithin auch keine Religion Menschenopfer fordern darf. Zweihundert Jahre nach der Aufklärung dürfte das nicht zu viel verlangt sein.

Literatur

Adam, A.: Die Bekämpfung des Bösen. Eine Anmerkung zur Lehre vom Gerechten Krieg. In: Schuller, A. / Rahden, W. v. (Hrsg.): Die andere Kraft. Zur Renaissance des Bösen. Akademie Verlag, Berlin 1993, S. 303-310.

Bergounioux, F. M. / Götz, J.: Die Religionen der vorgeschichtlichen und primitiven Völker. Pattloch, Aschaffenburg 1960.

Blume, M.: Homo religiosus. Wurzeln des Glaubens. In: Gehirn & Geist Dossier 2/2011, S. 26-35.

Büchner, L.: Licht und Leben. Thomas, Leipzig 1882.

Darwin, Ch.: Die Abstammung des Menschen [1871]. Kröner, Stuttgart 1966.

Dawkins, R.: Gottes Nutzenfunktion. In: Spektrum der Wissenschaft, Januar 1996, S. 94-100.

Dawkins, R.: Und es entsprang ein Fluß in Eden. Das Uhrwerk der Evolution. Goldmann, München 1998.

Dawkins, R.: The God Delusion. Transworld Publishers, London 2006.

Dobzhansky, T.: The Biology of Ultimate Concern. Rapp and Whiting, London 1969.

Dubos, R.: A God Within. Scribner's Sons, New York 1972.

Dunbar, R.: The Social Brain and Its Implications. In: Frey, U. J. / Störmer, Ch. / Willführ, K. P. (Hrsg.): Homo novus – A Human Without Illusions. Springer, Berlin 2010, S. 65-77.

Eliade, M.: Das Heilige und das Profane. Vom Wesen des Religiösen. Rowohlt, Hamburg 1957.

Farrington, K.: Geschichte der Folter und Todesstrafe. Die dunkle Seite der Justiz. Weltbild Verlag, Augsburg 1998.

Firth, R.: Magic and Religion. In: Freilich, M. (Hrsg.): The Pleasures of Anthropology. The New American Library, New York 1983, S. 341-359.

Fischer, E. P.: Durch die Nacht. Eine Naturgeschichte der Dunkelheit. Siedler, München 2015.

Freud, S.: Das Unbehagen in der Kultur [1930]. Fischer Taschenbuch Verlag, Frankfurt/M. 1953.

Grabner-Haider, A.: Hitlers Theologie des Todes. Topos Taschenbücher, Kevelaer 2009.

Grabner-Haider, A.: Der dunkle Schatten der Theologie. In: Grabner-Haider, A. (Hrsg.): Theologie wohin? Plädoyer für eine freie Religionswissenschaft. Schöningh, Paderborn 2012, S. 113-126.

Grabner-Haider, A. / Maier, J. / Prenner, K.: Kulturgeschichte des frühen Mittelalters. Vandenhoeck & Ruprecht, Göttingen 2010.

Grabner-Haider, A. / Weinberger, O. / Weinke, K. (Hrsg.): Fanatismus und Massenwahn. Quellen der Verfolgung von Ketzern, Hexen, Juden und Außenseitern. Leykam, Graz 1987.

Hardy, A.: Der Mensch – das betende Tier. Religiosität als Faktor der Evolution. Klett-Cotta, Stuttgart 1979.

Junker, T.: Die Evolution der Phantasie. Wie der Mensch zum Künstler wurde. Hirzel, Stuttgart 2013.

Junker, T. / Paul, S.: Der Darwin-Code. Evolution erklärt unser Leben. Beck, München 2009.

Jürß, F. J. / Müller, R. / Schmidt, E. G. (Hrsg.): Griechische Atomisten. Texte und Kommentare zum materialistischen Denken der Antike. Reclam, Leipzig 1991.

Kanitscheider, B.: Entzauberte Welt. Über den Sinn des Lebens in uns selbst. Hirzel, Stuttgart 2008.

Kaufmann, R.: Götter-Menschen, Menschen-Götter. Der überfällige Abschied von Götzenbildern. Lenz, Neu-Isenburg 2015.

Kilian, A.: Die Logik der Nicht-Logik. Wie Wissenschaft das Phänomen Religion heute biologisch definieren kann. Alibri, Aschaffenburg 2010.

Kliemt, H.: Der Glaube als Feind der Aufklärung. In: Dahl, E. (Hrsg.): Die Lehre des Unheils. Fundamentalkritik am Christentum. Carlsen, Hamburg 1993, S. 170-181.

Klix, F.: Erwachendes Denken. Eine Entwicklungsgeschichte der menschlichen Intelligenz. VEB Deutscher Verlag der Wissenschaften, Berlin 1980.

Koppers, W.: Der Urmensch und sein Weltbild. Herold, Wien 1949.

Lenné, R.: Das Urphänomen Angst. Analyse und Therapie. Deutscher Taschenbuch Verlag, München 1978.

Lonning, P.: The Concept of Life in Theology. In: Andersen, S. / Peacocke, A.: (Hrsg.): Evolution and Creation. A Europen an Perspective. Aarhus University Press, Aarhus 1987, S. 133-140.

Lorenz, K.: Der Abbau des Menschlichen. Piper, München 1983.

Lumsden, Ch. / Wilson, E. O.: Promethean Fire. Reflections on the Origin of Mind. Harvard University Press, Cambridge, Mass. 1983.

MacNeill, A. D.: The Capacity for Religious Experience is an Evolutionary Adaptation to Warfare. In: Evolution and Cognition (New Series) 10 (1), 2004, S. 43-60.

Müller-Karpe, H.: Geschichte der Steinzeit. Beck, München 1974.

Norbeck, E.: The Study of Religion. In: Tax, S. (Hrsg.): Horizons of Anthropology. Aldine, Chicago 1964, S. 212-223.

Oeser, E.: Die Angst vor dem Fremden. Die Wurzeln der Xenophobie. Theiss, Darmstadt 2015.

Palmer, C. T. / Steadman, L. B.: With or Without Belief: A New Approach to the Definition and Explanation of Religion. In: Evolution and Cognition (New Series) 10 (1), 2004, S. 138-147.

Piaget, J.: The Child's Conception of the World [1929]. Granada Publishing, London 1973.

Riedl, R.: Biologie der Erkenntnis. Die stammesgeschichtlichen Grundlagen der Vernunft. Parey, Berlin 1980.

Russell, B.: Why I am Not a Christian. Unwin Books, London 1967.

Saum-Aldehoff, T.: Ganz normale Terroristen. In: Psychologie heute 43 (2), 2016, S. 28-30.

Schmitz, R. W. / Thissen, J.: Neandertal. Die Geschichte geht weiter. Spektrum Akademischer Verlag, Heidelberg 2000.

Simpson, G. G.: The Meaning of Evolution. Mentor Books, New York 1951.

Söling, C. / Voland, E.: Towards an Evolutionary Psychology of Religiosity. In: Neuroendocrinologal Letters, Suppl. 4 (23), S. 98-104.

Sommer, V.: Die Vergangenheit einer Illusion. Religion aus evolutionsbiologischer Sicht. In: Voland, E. (Hrsg.): Evolution und Anpassung. Warum die Vergangenheit die Gegenwart erklärt. Hirzel, Stuttgart 1993, S. 229-248.

Sommer, V.: Von Menschen und anderen Tieren. Essays zur Evolutionsbiologie. Hirzel, Stuttgart 2000.

Stein, G. J.: The Biological Bases of Ethnocentrism, Racism and Nationalism in National Socialism. In: Reynolds, V. / Falger, V. S. E. / Vine, I. (Hrsg.): The Sociobiology of Ethnocentrism. Evolutionary Dimensions of Xenophobia, Discrimination, Racism and Nationalism. The University of Georgia Press, Athens 1987, S. 251-267.

Stieve, H.: Über biologische Wurzeln religiösen Verhaltens. In: Daecke, S. / Schnakenberg, J. (Hrsg.): Gottesglaube – ein Selektionsvorteil? Religion in der Evolution – Natur- und Geisteswissenschaftler im Gespräch. Gütersloher Verlagshaus, Gütersloh 2000, S. 42-65.

Utsch, M.: Spirituelle Psychotherapie: Modetrend oder Modell mit Zukunft? In: Psychologie heute 35 (2), 2008, S. 52-55.

Vaas, R. / Blume, M.: Gott, Gene und Gehirn. Warum Glaube nützt. Die Evolution der Religiosität. Hirzel, Stuttgart 2009.

Van der Dennen, J. M. G.: Ethnocentrism and In-group / Out-group Differentiation: A Review and Interpretation of the Literature. In: Reynolds, V. / Falger, V. S. E. / Vine, I. (Hrsg.), The Sociobiology of Ethnocentrism, S. 1-47.

Verbeek, B.: Die Wurzeln der Kriege. Zur Evolution ethnischer und religiöser Konflikte. Hirzel, Stuttgart 2004.

Verbeek, B.: Sterblichkeit: der paradoxe Kunstgriff des Lebens. Eine Betrachtung vor dem Hintergrund der modernen Biologie. In: Oehler, J. (Hrsg.): Der Mensch – Evolution, Natur und Kultur. Beiträge zu unserem heutigen Menschenbild. Springer, Berlin 2015, S. 59-73.

Vivelo, F. R.: Handbuch der Kulturanthropologie. Eine grundlegende Einführung. Deutscher Taschenbuch Verlag, München 1988.

Vogeley, K. / Schilbach, L. / Newen, A.: Soziale Kognition. In: Interdisziplinäre Anthropologie 1, 2013, S. 13-39.

Voland, E.: Hat Gott Naturgeschichte? Die Evolution der Religiosität. In: Biologie in unserer Zeit 40, 2010, S. 29-35.

Voland, E. / Söling, C.: Die biologische Basis der Religiosität in Instinkten – Beiträge zu einer evolutionären Religionstheorie. In: Lüke, U. / Schnakenberg, J. / Souvignier, G. (Hrsg.): Darwin und Gott. Das Verhältnis von Evolution und Religion. Wissenschaftliche Buchgesellschaft, Darmstadt 2004, S. 47-65.

Wilson, E. O.: On Human Nature. Bantam Books, New York 1978.

Wuketits, F. M.: Evolutionäre Ursprünge der Metaphysik. In: Riedl, R. / Wuketits, F. M. (Hrsg.): Die Evolutionäre Erkenntnistheorie. Bedingungen – Lösungen – Kontroversen. Parey, Berlin 1987, S. 220- 229.

Wuketits, F. M.: Warum uns das Böse fasziniert. Die Natur des Bösen und die Illusionen der Moral. Hirzel, Stuttgart 1999.

Wuketits, F. M.: Evolution und die Frage nach dem Sinn. In: Philotheos 3, 2003, S. 78-88.

Wuketits, F. M.: Darwins Kosmos. Sinnvolles Leben in einer sinnlosen Welt. Alibri, Aschaffenburg 2009.

Wuketits, F. M.: Animal irrationale. Eine kurze (Natur-)Geschichte der Unvernunft. Suhrkamp, Berlin 2013.

Wuketits, F. M.: Was Atheisten glauben. Gütersloher Verlagshaus, Gütersloh 2014.

Wuketits, F. M.: Gewalt: Ihre Formen und Ursachen im Wechselspiel von Natur und Kultur. In: Naturwissenschaftliche Rundschau 68, 2015, S. 61-72.

Wuketits, F. M.: Mord. Krieg. Terror. Sind wir zur Gewalt verurteilt? Hirzel, Stugart 2015.

Anton Grabner-Haider

Zur Kulturgeschichte der Religion

Einleitung

Religionen sind Teilbereiche der menschlichen Kultur, sie sind von den Formen und Stufen der Kulturentwicklung abhängig. Seit dem „cultural turn" in der Philosophie ist es sinnvoll, alle religiösen Weltdeutungen im Kontext ihrer kulturellen Hintergründe zu analysieren. Sie sind frühe Formen der Weltdeutung und der Daseinsorientierung, damit gaben sie den Menschen deutliche Überlebensvorteile. Die Menschenwelt wurde in zwei verschiedenen Bereichen gedeutet, in einem sichtbaren Bereich und in einem unsichtbaren Lebensfeld. Später wurde diese Deutung erweitert in einen verfügbaren und gestaltbaren Bereich und in ein unverfügbares und nicht gestaltbares Lebensfeld. Mythen und Religionen verbinden diese beiden Lebensfelder miteinander, sie entwickeln Bilder und Begriffe, mit denen sie beide Daseinsbereiche symbolisch darstellen.[1]

Hier sollen nun in übersichtlicher Weise die verschiedenen sozialen und politischen Funktionen von religiösen Bildwelten und Lehren dargelegt werden. Angefangen wird bei den frühen Mythen und Religionslehren, soweit sie uns mündlich überliefert worden sind. Genaueres Wissen haben wir über die Religionen, in denen bereits Schriftsysteme entwickelt worden sind und deren Grundtexte aufgeschrieben wurden. Dazu gehören die Religionen des Alten Orients, aber auch Chinas, Indiens und später Japans, sowie das Judentum, das Christentum und der Islam.[2]

---

1 A. Grabner-Haider, Strukturen des Mythos. Theorie einer Lebenswelt. Frankfurt 1990, S. 34-55.

2 K.H. Ohlig, Religion in der Geschichte der Menschheit, Darmstadt 2002, S. 22-49.

Frühe Formen der Religion

Die Anfänge von mythischen und religiösen Überzeugungen können wir bei vorschriftlichen Kulturen nur aus mündlichen Erzählungen und aus den archäologischen Funden erkennen. Aus der Gehirnforschung wissen wir, dass unser Gehirn sowohl Bilder als auch Begriffe erzeugen kann. Gewiss gehören die Bilder zu den frühesten Erzeugnissen unseres Gehirns, wir haben sie mit den höher entwickelten Tieren gemeinsam. Aus diesen Bildwelten bauen wir unser Bewusstsein des Raumes, der Zeit, des Schmerzes und des eigenen Selbst auf. Bei der Formung des Bewusstseins und der Deutung der Außenwelt spielen dann sprachliche Begriffe und Zeichen eine wichtige Rolle.[3]

Heute suchen manche Gehirnforscher den Dialog mit den Kognitionswissenschaften, aber sie wollen einen biologischen Reduktionismus vermeiden. Als „Seele“ verstehen sie alle bewussten, vorbewussten, intuitiven und unbewussten Vorgänge im Gehirn. Doch sie wissen, dass alle emotionalen, bildhaften, kognitiven und intuitiven Erfahrungen dynamische Prozesse im Gehirn sind. Aber sie sind sich auch dessen bewusst, dass wir nicht alle Vorgänge in unserem Bewusstsein auf neuronale Dynamiken zurückführen können, denn diese entwickeln eine Eigendynamik (Emergenz),die nicht einfach vermessbar oder prognostizierbar ist.[4]

Nun gehören auch mythische und religiöse Vorstellungen zur Eigendynamik des menschlichen Gehirns. In unserem Bewusstsein können wir sechs psychoneuronale Grundsysteme unterscheiden: ein System zur Stressverarbeitung, ein internes Beruhigungssystem, ein System der inneren Bewertung und der Belohnung, ein System zur Hemmung der emotionalen Impulse, ein System der sozialen Bindung und schließlich ein System des Realitätssinnes und der Risikobewertung.[5]

Mit großer Wahrscheinlichkeit sind alle sechs Systeme der Gehirndynamik auch an der Bildung mythischer und religiöser Bildwelten beteiligt. Manche Forscher gehen davon aus, dass diese Bilder eng mit der biologischen, aber auch mit der kulturellen Evolution verbunden sind. Denn sie geben eine Erklärung der Deutung der Außenwelt, sie erzeugen für das individuelle Leben einen Sinn und eine Aufgabe, sie vermehren das Le-

3 H. Müller-Karpe, Geschichte der Gottesverehrung. Paderborm 2005, S. 48-59.

4 G. Hüther, Die Macht der inneren Bilder. Göttingen 2005, S. 49-63.

5 G. Roth / N. Strüber, Wie das Gehirn die Seele macht. Stuttgart 2014, S. 150-155.

bensglück und die Überlebensfähigkeit, sie geben den Gruppen soziale Bindungen und Zusammenhalt, sie motivieren zu Solidarität und Kooperation mit anderen. Freilich können bestimmte religiöse Lehren auch den Gruppenzusammenhalt stören und den Überlebenswillen schwächen.[6]

Seit etwa 30 Jahren werden in der sogenannten „Neurotheologie" die biologischen Prozesse und neuronale Dynamiken von religiösen Erfahrungen und Daseinsdeutungen näher erforscht. Dabei lassen sich veränderte Bewusstseinszustände bei mystischen und ekstatischen Erfahrungen deutlich verorten. Denn im Erleben transzendenter Welten erfolgt ein kognitiver und ein emotionaler Überstieg über die rein empirische Außenwelt, es wird auf eine andere Dimension des „Göttlichen" oder des „Heiligen" Bezug genommen. Dabei werden emotionale Erfahrungen auf kreative Weise verarbeitet, Angstpotentiale werden deutlich reduziert und subjektive Glücksgefühle können deutlich verstärkt werden. Auf diese Weise wird das „Göttliche" (Gott) als letzte und umfassende Wirklichkeit erfahren, die Welt und der Kosmos werden als umfassende All-Einheit gedeutet.[7]

Offensichtlich werden alle Vorstellungen und Bilder des Göttlichen in unserem Gehirn erzeugt. Bildhaft gesprochen können wir sagen, „Gott" offenbart sich uns nur im Gehirn und damit in unserer menschlichen Natur. Mit den religiösen Bildern stärken wir unser Vertrauen in das Leben, in die Mitmenschen, die Welt und den Kosmos. Doch bei der Analyse von religiösen Bildern und Lehren müssen wir genau hinsehen und die Wirksamkeit dieser Bilder für unser persönliches und soziales Leben prüfen. Denn negative religiöse Bilder (Hölle, Teufel) können unsere Lebensentfaltung stark behindern und das Grundvertrauen in das Dasein zerstören. Seit den Erkenntnissen der Pragmatischen Philosophie (William James) sind wir sogar genötigt, zwischen sozial verträglichen und sozial gefährlichen Bildern der Religion zu unterscheiden.[8]

So gesehen verändern wir unsere religiösen Bilder mit unserer kulturellen Entwicklung. Doch die Frage nach einem letzten Urgrund des Daseins oder einer umfassenden göttlichen Wirklichkeit stellt sich unserem suchen-

6 R. Vaas / M. Blume, Gott, Gene und Gehirn. Warum Glaube nützt. Die Evolution der Religion. Stuttgart 2009, S. 115-132.

7 Ebenda, S. 188-203.

8 R. Vaas / M. Blume, Gott, Gene und Gehirn, S. 205-215. M. Alper, The God part of the brain. London 2007, S. 67-82. G. Wolf, Der Hirngott. München 2005, S. 199-218. W. James, The varieties of religious experience. London 1902, S. 34-52.

den Verstand, unabhängig von unseren religiösen Bildern, die wir in der kulturellen Sozialisation weitergeben. Viele neurowissenschaftliche Religionsforscher kommen zur Überzeugung, dass die meisten der religiösen Bilder den Menschen Überlebensvorteile gebracht haben und heute noch bringen. Auch wenn wir die Frage nach der Existenz der Gottheit bzw. Gottes rational nicht entscheiden können (analytischer Agnostizismus), so können wir doch die Wirkung religiöser Bilder auf das Leben der Benutzer dieser Bilder gut analysieren. Daher sind gar nicht wenige Wissenschaftler zur Überzeugung gelangt, dass sich bestimmte religiöse Bilder mit den Grundformen wissenschaftlicher Weltdeutung sogar vertragen können. Freilich muss das Regelsystem der Wissenschaft scharf von den religiösen Bildern und Lehren getrennt werden und bleiben.[9]

So gesehen sind religiöse Bilder und Lehren große Leistungen der kulturellen Sozialisation, sie sind nicht einfach „Nebenprodukte" der biologischen und der kulturellen Evolution. Denn religiöse Menschen haben empirisch feststellbar bis heute höhere Reproduktionsraten als Nichtreligiöse, sie haben ein stärkeres Vertrauen in das Leben, sie erleben den sozialen Zusammenhalt intensiver und sie haben eine größere Motivation für solidarisches Verhalten. Manche Forscher meinen sogar, beweisen zu können, dass religiöse Menschen mehr an biologischen Abwehrkräften gegen degenerierte Zellen (Krebs) haben als Nichtreligiöse. Daher glauben sie, dass es sinnvoll und vernünftig ist, die positiven Bilder der Religion zu verstärken und die negativen Bilder zu eliminieren.[10]

Blicken wir kurz auf die Grundstrukturen der frühen Religionen und Mythen, soweit wir sie aus den mündlichen Überlieferungen kennen. Die Menschen der frühen Kulturstufen deuteten ihre Welt und ihr Leben in zwei Dimensionen, nämlich in einen sichtbaren und verfügbaren Bereich, und zum andern in einen nicht sichtbaren und unverfügbaren Bereich. Sie waren überzeugt, dass in ihrer Lebenswelt unsichtbare Kräfte (Wind, Donner) wirkten. Diese Kräfte deuteten sie analog zur empirischen Welt, sie gaben ihnen konkrete Gestalten, von Pflanzen, von Tieren und von Menschen. Sie nannten diese unsichbaren Kräfte und Geistwesen in ihren Sprachen: *meh*, *teh*, *dao*, *ilah*, *mana* u.a. Mit der Gestaltgebung wurden diese Kräfte für sie nun ansprechbar und anrufbar, wie Menschen.[11]

9 G. Hüther, Die Macht der inneren Bilder, S. 27-44.
10 Ebenda, S. 129-144.
11 A. Grabner-Haider, Strukturen des Mythos, S. 39-62.

In den germanischen Sprachen sind göttliche Wesen (*god*, *göd*, *got*, Gott) anrufbare Wesen, die nicht sichtbar sind. In der Folgezeit begannen die frühen Menschen zu diesen unsichtbaren Kräften eine Beziehung aufzubauen, sie sprachen zu ihnen und riefen ihnen zu. Sie baten diese Kräfte um Hilfe und Schutz, um Regen und Fruchtbarkeit, um Nahrung und Gesundheit. Auf diese Weise entstanden unter den frühen Menschen „religiöse" Beziehungen zu den unverfügbaren Kräften und Mächten (religio = Beziehung, Bindung). Sie lebten fortan in doppelten Beziehungen, nämlich zu konkreten Mitmenschen und Gruppen, und zu den unverfügbaren Kräften und göttlichen Wesen. Sie entwickelten emotionale Beziehungen zu den Kräften der Natur, zu den Seelen der Ahnen und zu den menschenähnlich vorgestellten Schutzgöttern.[12]

Gewiss werden diese Bilder von göttlichen und dämonischen Wesen in den menschlichen Gehirnen gebildet, aber sie beruhen auf bestimmten Lebenserfahrungen. Die Menschen bleiben mit ihren Ahnenseelen verbunden, mit den konkreten Vorfahren, die schon gestorben sind. Daher sind diese Seelenvorstellungen mit konkreten Erinnerungen verbunden. Die Menschen sprechen von göttlichen Wesen, von denen sie glauben, dass sie ihnen einen Nutzen bringen. Aber sie glauben auch an dämonische Wesen, von denen sie annehmen, dass sie ihnen Schaden und Krankheit bringen. Mit diesen anthropomorphen Bildern wird die ganze Natur ansprechbar und bewohnbar, die Menschen beginnen, sich darin zu orientieren und geborgen zu fühlen.[13]

Uns stellt sich heute die Frage, welchen Vorteil die Menschen durch diese mythischen und religiösen Bildwelten gewonnen haben? Denn sie glaubten offensichtlich, dass in diesen Bildern unverfügbare Kräfte wirkten und dass sie mit ihrer Symbolsprache einen Einfluss auf diese Kräfte ausüben könnten. Sie waren von der magischen Kraft ihrer Worte und Gesten überzeugt, weil auch in ihren Gruppen bestimmte Worte als Befehle ausgeführt werden mussten. Sie waren sich dessen sicher, dass sie mit ihren Riten und Worten böse Kräfte der Natur abwehren konnten, dass sie umgekehrt heilende und schützende Kräfte herbeirufen konnten.[14]

Mit dem Beziehungsgeflecht zu imaginären Welten und Kräften gewannen die Menschen deutlich mehr an Geborgenheit und Sicherheit in

12 K.H. Ohlig, Religion in der Geschichte der Menschheit, S. 131-149.

13 H. Müller-Karpe, Geschichte der Gottesverehrung, S. 67-82.

14 F. Heiler, Erscheinungsformen und Wesen der Religion. Stuttgart 1979, S. 176-193.

einer für sie bedrohlichen Lebenswelt. Denn sie glaubten daran, dass gute Geistwesen sie vor Gefahren schützten, und dass sie andererseits böse Kräfte mit ihren Riten und Gebeten vertreiben konnten. Selbst wenn das nur ein Plazebo-Effekt war, so hatte er doch starke positive Wirkungen für das Leben und Überleben der Menschen. Wahrscheinlich aus diesem Grund kennen wir keine frühe Kultur, in der die Menschen nicht in einem mythischen und religiösen Beziehungsgeflecht gelebt haben. Folglich gehören die mythische und die magische Weltdeutung zu unserer globalen Kulturgeschichte.[15]

Aber diese Beziehungen der Menschen zu den Ahnenseelen und zu guten und bösen Geistwesen hatten nicht bloß einen Plazebo-Effekt, sie zeigten auch viele andere Wirkungen. Vor allem schenkten sie den Menschen eine gewisse Ruhe und Gelassenheit in extrem ausgesetzten Lebenssituationen. Denn sie konnten emotionale Erregungen verringern (*Sedativum*), oder sie konnten helfen, Verluste von Mitmenschen in der Gruppe emotional zu verarbeiten. Wir kennen ja nur die Mythen und Riten derjenigen Gruppen, die überlebt haben. Der Bezug zu den Ahnenseelen half den Menschen, den Tod von Mitmenschen zu ertragen oder den eigenen Tod anzunehmen.[16]

Die einzelnen Gruppen hatten ihre Schamanen und Mantiker, die im Erleben der Ekstase durch Drogen ihren Bewusstseinszustand verändern konnten. Sie erzählten danach, dass sie im Zustand der Ekstase die Welt der Ahnen, der guten und der bösen Dämonen erlebt haben und dass sie von diesen imaginären Wesen Botschaften für die Gruppe bekommen hätten. Damit schufen die Schamanen und Mantiker die großen Mythen und Riten, sie deuteten das Dasein und die Lebenswelt, sie gaben Anweisungen zum richtigen Verhalten. Wir erkennen hier deutlich die Funktion der Verhaltensregelung von Mythen, denn die Regeln des Zusammenlebens werden auf die Ahnenseelen und die Schutzgeister bezogen. Die frühen Menschen glaubten, dass ihr Verhalten immer von den Ahnen und den Schutzgeistern kontrolliert werde.[17]

Viele Mythen geben den Menschen die starke Hoffnung auf das Überleben in schwierigen Zeiten, auf eine bessere Zukunft, auf mehr Nahrung, auf Schutz vor Feinden, aber auch auf ein Weiterleben der eigenen Seelenkraft nach dem Tod des Körpers. Folglich können die meisten Mythen

15 F. Heiler, Erscheinungsformen und Wesen der Religion, S. 128-144.

16 Ebenda, S. 177-192.

17 K.H. Ohlig, Religion in der Geschichte der Menschheit, S. 82-97.

als ein starkes *Lebenselexie*r bezeichnet werden, denn sie vermitteln den Menschen Lebensmut und Hoffnung, aber auch Freude am Leben und an der Sexualität. Auch geben sie ihnen die innere Kraft, schwere Situationen zu bestehen, in Notlagen durchzuhalten und Leiden zu ertragen. Die vielen positiven Bilder der erzählten Mythen vermitteln den Menschen ein emotionales Gleichgewicht, eine Dynamik der Hoffnung und innere Lebenskraft. Ohne diese Bilder hätten die Gruppen vermutlich in schwierigen Situationen kaum überleben können.[18]

Damit schaffen die erzählten Mythen und die dazu ausgeführten Riten einen starken Zusammenhalt der Gruppen, sie fungieren als *sozialer Kitt*. Die Riten sind genormte Handlungen, die vor allem in Gruppen ausgeführt werden. Sie haben das Ziel, böse Kräfte von den Menschen abzuwehren oder zu vertreiben, die guten Lebenskräfte herbeizurufen und zu stärken, sich mit diesen Kräften zu vereinigen, sich von moralischer Schuld zu reinigen, den Schutzgöttern und Ahnenseelen Opfergaben zu bringen, sich mit diesen zu verbinden und deren Lebenskraft auf sich zu ziehen. Aber es geht bei den Riten auch um die Heilung von Verletzungen oder Krankheiten, um die Begleitung von Geburten, um die Feier der Hochzeit und um die Verabschiedung der Toten. Durch die ausgeführten Riten wissen sich die Menschen miteinander verbunden und zusammengehörig.[19]

Durch Riten und Mythen verbinden sich auch die Wächter, die Krieger und die Kämpfer, um äußere Feinde abzuwehren oder um fremde Gruppen zu besiegen. Vor allem die Hirtennomaden und Viehzüchter, aber auch die niederen und höheren Ackerbauern bildeten starke Gruppen von Wächtern und Kriegern, welche die Viehherden und die Äcker vor Raub schützen mussten. Sie erzählten besondere Kriegsmythen, in denen den Kämpfern versprochen wurde, sofort nach dem Tod im Krieg in das Land der Ahnen zu gelangen. Andere Mythen sagen, dass die Krieger ihr Leben einsetzen müssen, um Böses von den Gruppen abzuwenden. Durch ihren Opfertod für die Gruppe werden viele Sünden von ihnen abgewaschen.[20]

Die Krieger riefen zumeist männliche Schutzgötter an, um von ihnen viel an Kampfkraft zu bekommen oder um in Kämpfen geschützt zu sein. Sie brachten ihnen auch Opfer dar, um ihre Hilfe zu erbitten oder zu erzwingen. Dann stürzten sie sich mit heiliger Begeisterung in den Kampf, denn sie wussten sich von starken Schutzgöttern geleitet. Sie überwanden

18 Ebenda, S. 170-188.
19 J. Hick, Religion, S. 340-362.
20 K.H. Ohlig, Religion in der Geschichte der Menschheit, S. 127-144.

ihre Todesangst und waren bereit, ihr Leben für die Gruppe zu opfern. Damit erhielt die Religion der Krieger auch die Funktion einer *Zeitbombe*, denn die Kämpfer wurden mit starker emotionaler Aufladung in den Kampf getrieben. Sie waren bereit, fremdes Leben zu töten und ihr eigenes Leben aufs Spiel zu setzen. Heute erkennen wir diese Funktion der Religion besonders deutlich bei den islamistischen Religionskriegern (ISIS).[21]

Wir können erkennen, dass in den frühen Mythen und Riten diese Funktionen schon im Ansatz gegeben waren, die sich später deutlicher entwickelt haben. Damit entwickeln Religionen unter den Menschen sehr unterschiedliche Funktionen und Dynamiken, sie haben den Gruppen ohne Zweifel starke Überlebensvorteile gebracht. Die destruktiven Kräfte sollen dabei nicht übersehen werden, doch Religionen wirkten nie bloß negativ und zerstörend. Daher werden die Religionen und Mythen in der modernen Kulturanthropologie als polyvalente Phänomene gesehen, eine primär negative Religionskritik wird ihnen keinesfalls gerecht.[22]

Die Religionen Chinas

In den Mythen und Religionen der verschiedenen Kulturkreise lassen sich verschiedene Funktionen der religiösen Weltdeutungen erkennen. Die Jäger und Sammler erzählten in ihren Kleingruppen viele Tiermythen, sie verehrten Schutzgötter der Wildtiere und der Wälder, und sie führten verschiedene Riten aus, um Macht über die Tiere zu bekommen. Die Hirtennomaden und die Ackerbauern entwickelten Mythen, die sich auf die Fruchtbarkeit der gezähmten Tiere und der bebauten Felder bezogen. Die meisten Kulturen glaubten an die Seelenkräfte der Ahnen, die das Leben der Menschen begleiteten und beaufsichtigten. Durch Riten und Ahnenfeste wussten sich die Menschen miteinander verbunden, ihre Gruppen wurden stabilisiert.[23]

In den frühen Mythen Chinas erkennen wir noch deutlich mutterzentrierte (matrifokale) Strukturen des Zusammenlebens, die Verwandtschaft

21 A. Grabner-Haider, Strukturen des Mythos, S. 89-102. H. Münkler, Kriegssplitter, S. 82-99.

22 J. Hick, Religion, S. 340-362.

23 R. Malek, Daoismus. In: J. Figl (Hrsg.), Handbuch der Religionswissenschaft. Innsbruck 2003, S. 307-315.

und die Gruppenzugehörigkeit wurde über die Mütter gezählt. Weit verbreitet war ein Mythos von einer „Sonnenmutter", die ihre zehn Sonnensöhne hintereinander auf die Himmelsreise schickte, jeden Tag ein anderer Sonnenknabe. Die Söhne bestiegen den Sonnenwagen auf dem Berg im Osten, fuhren mit Drachen über das Himmelszelt und stiegen am Berg des Westens vom Sonnenwagen ab. Unsichtbar kehrten sie wieder zum Berg des Ostens zurück. Erzählt wurde auch ein Mythos von einer Weberin am Himmelszelt, die sich im Hochzeitsmonat im Frühling auf die Himmelsreise zum Sternbild der Rinderhirten aufmachte. Wenn diese beiden mythischen Gestalten am Himmelszelt die Hochzeit feiern, dann beginnt auch bei den Menschen die Zeit der Vermählungen, der Heiratsmonat.[24]

Sehr deutlich erkennen wir die matrifokalen Lebenswelten in den Mythen der frühen Daoisten, in den Erzählungen der unteren sozialen Schichten. Die Bauern, die Hirten, die Handwerker und die Landarbeiter erzählten von einem weiblichen „Urgrund" (*dao*) des Anfangs, aus dem alle Lebewesen und Körper, aber auch der Himmel und die Erde gewachsen seien. Aus diesem weiblichen Uranfang seien später die zwei Geschlechter der Tiere und der Menschen geworden, Weibliches und Männliches, Dunkles und Helles, Weiches und Hartes. In diesem weiblichen Urgrund seien alle gegensätzlichen Kräfte vereinigt gewesen, doch dann hätten sie sich geteilt. Aber am Ende der Zeit werden alle Gegensätze wieder in den weiblichen Urgrund zurückkehren.[25]

Nach dieser Mythologie der unteren sozialen Schichten kämpfen die gegensätzlichen Kräfte in der Welt aber nicht gegeneinander, sondern sie greifen ineinander und ergänzen sich wechselseitig. Die Männer ergänzen die Frauen, das Weiche macht das Harte erst voll, das Dunkle vereinigt sich mit dem Lichten, der Himmel macht die Erde ganz. Daher gelten in der Lebenswelt der unteren sozialen Schichten hauptsächlich weibliche Lebenswerte des Zusammenlebens. Die Menschen wissen aus ihrer Erfahrung, dass das Weiche und Biegsame näher beim Leben ist als das Harte und Spröde. Und sie wissen aus Erfahrung, dass weiches Wasser auf lange Zeit den harten Stein aushöhlen kann. Daraus leiten sie ab, dass der Friede den Menschen ungleich mehr an Nutzen bringt als der Krieg, ja dass die kriegerischen Männer viel näher beim Tod sind als die gebärenden und friedenerhaltenden Frauen.[26]

24 W. Eichhorn, Die Religion Chinas. Stuttgart 1983, S. 57-69.
25 G. Bekey, Die Welt des Tao. Freiburg 1987, S. 67-81.
26 Tao teh king. Köln 1985, S. 6-16.

Aus diesen mythischen Grundannahmen ergibt sich eine friedliche Ethik des Zusammenlebens. Die Menschen der unteren sozialen Schichten meiden den Krieg mit anderen Gruppen, sie kämpfen nur, wenn sie von anderen angegriffen werden. Da sie keine Waffen tragen dürfen, was ihnen die Krieger verboten haben, üben sie sich im Kampf ohne Waffen und in der Verteidigung. Sie entwickeln viele Techniken des defensiven Kämpfens und des Ausweichens vor dem Gegner. Wir sehen auch im späteren Daoismus noch deutlich die weiblichen Grundwerte des Zusammenlebens. Auch in der patriarchal gewordenen Kultur Chinas hoffen die Frauen noch darauf, dass sie auf lange Sicht den Männern überlegen sein werden, auch wenn sie ihnen jetzt dienen müssen. Diese Lehren schenkten den Bauern, den Hirten, den Handwerkern und den Lohnarbeitern das Gefühl der Sicherheit und der Geborgenheit.[27]

Allgemein verbreitet war im chinesischen Kulturraum die Vorstellung von den Seelen der Ahnen, die erinnert und verehrt wurden. Es wurde angenommen, dass die Geistseele (*hun*) den Tod des Körpers überlebt und in das Land der Ahnen wandert, während sich die Körperseele mit dem Körper auflöst. Daher folgten die Menschen den moralischen Vorgaben und Regeln der Ahnen, denn sie glaubten, dass sie von diesen überwacht und kontrolliert werden. Sie feierten regelmäßig Riten, in denen sie sich mental und emotional mit den Seelen ihrer Vorfahren verbinden wollten. Aber sie kannten keine Straforte für Übeltäter, sondern die Ahnen lebten mit unterschiedlichem Glück, je nach ihren moralisch guten oder bösen Taten.[28]

Gleichzeitig mit den Ahnenseelen verehrten die Menschen der frühen Kultur die Schutzgötter der Sippen, der Dörfer, der Bauern, der Hirten, der Handwerker, der Händler und der Krieger. Und sie sahen in den Phänomenen der Natur (Gestirne, Sonne und Mond, Sturm, Blitz) unverfügbare Kräfte und Mächte, auf die sie einen Einfluss bekommen wollten. Denn sie sahen in der Natur lebensfeindliche Kräfte und Geistwesen, welche sie mit Riten, Gebeten und Gesängen abwehren wollten. Später stellten sie diese lebensfeindlichen Kräfte bildhaft dar, analog zu Tieren, etwa zu Drachen. Gleichzeitig wollten die Menschen mit Riten, Gebeten und Gesängen die lebensfördernden Kräfte und Geistwesen in der Natur stärken, und sie wollten sich mit diesen Kräften verbinden. Vor allem die Schamanen mussten die guten Geistwesen (Regengeister) herbeirufen und die bösen Mächte

27 Tao teh king, S. 34-49.

28 R. Malek, Daoismus, S. 307-314.

(Krankheitsgeister) vertreiben. Die Schutzgötter der Regionen hatten unüberschaubar viele Namen.[29]

Etwas anders war die Weltdeutung der oberen sozialen Schichten, der Wächter, der Krieger, der Beamten, der Schreiber, der Lehrer in den Kriegerschulen. Ihre Weltdeutung kennen wir aus den ersten Schriftquellen der chinesischen Kultur ab dem 6. vorchristlichen Jahrhundert. In den größeren Siedlungen entstanden Schulen für Krieger, für Beamte und Lehrer, diese Schulen lösten die Lehrältesten der Dörfer langsam ab. Diese Lehrer entwickelten die chinesische Bilderschrift weiter, und sie schrieben alte Erzählungen, aber auch Lieder und Mythen sowie frühe Gesetze auf. Einer dieser Lehrer war Kongzi (Konfuzius), der uns mit seiner Schule eine Vielzahl von Schriften hinterlassen hat.[30]

Wir haben es bei diesen Schriften mit den Lehren und Normen der oberen sozialen Schichten zu tun, nämlich der Beamten, der Krieger und der Lehrer. Hier steht nicht mehr die mythische und religiöse Weltdeutung im Vordergrund, die vielen Schutzgötter der Regionen werden einfach unter der Bezeichnung „Himmel" (*tien*) zusammengefasst. Über allen besiegten Regionen Chinas steht nun für die siegreichen Krieger der oberste Himmelsgott (*Shang ti*), der Schutzgott der Krieger. Bei den oberen sozialen Schichten war zu dieser Zeit die Sozialordnung und die Weltdeutung schon patriarchal geworden, die Männer übten die Dominanz über die Frauen aus. Dies war bei den unteren sozialen Schichten noch nicht so geschehen, hier blieben die Frauen in starken Funktionen innerhalb der Sippen. Für die männlichen Krieger und Lehrer spielten die weiblichen Schutzgötter keine Rolle mehr, denn der Kriegsgott war allein männlich. Die Bauern verehrten aber weiterhin weibliche Schutzgötter der Fruchtbarkeit. Wir erkennen also in der historischen Zeit eine deutliche Patriarchalisierung der chinesischen Kultur.[31]

In den konfuzianischen Schulen entstand in der Folgezeit eine weitgehend säkulare und philosophische Weltdeutung. Der Bezug zum „Himmel" (*tien*) und zu den Ahnenseelen (*hun*) blieb weiterhin wichtig für das Leben, aber die Regeln des Verhaltens und des Zusammenlebens wurden weitgehend rational begründet. Dabei galten die sozialen Ordnungen der

29 A. Grabner-Haider, China. In: A. Grabner-Haider / K. Prenner (Hrsg.), Religionen und Kulturen der Erde. Wien 2004, S. 177-189.

30 R. Malek, Konfuzianismus. In: J. Figl (Hrsg.), Handbuch der Religionswissenschaft. Innsbruck 2003, S. 298-307.

31 R. Malek, Konfuzianismus, S. 300-307.

Oberschicht, die moralischen Tugenden mussten in den Schulen geübt und gelernt werden. Im Staat galten als Regeln die unbedingte Treue zum Fürsten, der Gehorsam gegenüber dem Lehrer, die Unterordnung unter die Vorgesetzten. Alle Tugenden sind lehrbar und lernbar, sie müssen durch moralische Vorbilder gelernt werden. Dieses Lernen geschah in den konfuzianischen Schulen der Verwaltung und der Krieger. Die Einhaltung der Gesetze wurde streng kontrolliert, und die Gesetzesübertretungen wurden hart bestraft.[32]

Durch viele Jahrhunderte wurde in den konfuzianischen Schulen diskutiert, ob die Menschen von ihrer Natur her eher zu guten oder zu bösen Taten neigen. Der Lehrer Meng tse (Mencius) lehrte seine Schüler, dass alle Menschen nach den moralisch guten Taten streben, und dass die moralischen Tugenden von allen Menschen gelernt werden können. Doch der Lehrer Xun Zi (Xun Chuang) vertrat die Überzeugung, dass alle Menschen von ihrer Natur her zu bösen Taten streben und dass sie nur durch harte Gesetze und Strafen von den bösen Taten abgehalten werden können. Beide Schulen der Moral prägten die chinesische Kultur über 2.500 Jahre. Der Lehrer Mi Ti (Mozi) argumentierte im 5. vorchristlichen Jahrhundert für die gegenseitige Solidarität der benachbarten Sippen. Denn wenn die Nächstenhilfe nur auf die eigene Sippe begrenzt bleibt, ist der allgemeine Nutzen viel geringer, als wenn diese Hilfe auch auf die Nachbarsippen ausgedehnt wird.[33]

Eine neue Form der Religion und der Daseinsdeutung kam im 2. Jahrhundert n.Chr. aus Indien nach China, nämlich die Lehre und Lebensform des Mahayana-Buddhismus. Diese Lehren wurden zunächst von Wandermönchen und Nonnen verbreitet, sie fanden Aufnahme vor allem bei den unteren sozialen Schichten, den Bauern, Hirten, Handwerkern, Händlern und Lohnarbeitern. Sie hatten eine gewisse Nähe zu den Lehren der Daoisten, die ebenfalls von den unteren sozialen Schichten getragen und gelebt wurden. In der Lehre des Buddha ging es nun darum, die vielen Leiden im Leben zu verringern und vielleicht einmal ganz zu überwinden. Der erste Buddha habe die alten Schutzgötter relativiert, er sei durch neue Techniken der Meditation und der Askese in die Welt der Götter und der Ahnen vorgestoßen. Nun sei dieser neue Weg zur Erlösung vom Bösen und vom Leiden grundsätzlich allen Menschen zugänglich.[34]

32 W. Bauer, Geschichte der chinesischen Philosophie. München 2001, S. 46-59.
33 Ebenda, S. 50-64.
34 K. Meisig, Klang der Stille. Der Buddhismus. Freiburg 1997, S. 35-49.

Die Mahayana-Buddhisten lehrten und verbreiteten ein egalitäres Menschenbild, denn auf dem Weg in die Lichtwelt des Buddha sollten alle Menschen, alle sozialen Schichten und beide Geschlechter die gleichen Chancen haben. Die bisherige Ahnenwelt wurde jetzt als die Lichtwelt des Buddha gedeutet, das moralische Handeln der Menschen wurde aber neu bewertet. Denn nur wer mehrheitlich moralisch gute Taten setzt und böse Taten meidet, kann in diese Lichtwelt gelangen. Wer noch in bösen Taten verstrickt bleibt, muss nochmals geboren werden, um alles Böse hinter sich zu lassen. Hier wurden also die moralischen Kriterien für ein gutes und gelingendes Leben deutlich verschärft. Wer schwere Schuld auf sich geladen hat, muss noch mehrere Male neu geboren werden, um diese Schuld abtragen zu können. Wir sehen hier eine sehr intensive Motivation zum solidarischen Leben und zur aktiven Nächstenhilfe.[35]

Der Krieg und der Kampf gegen andere Sippen, Gruppen und Stämme wurden abgelehnt, ähnlich wie in der daoistischen Lebenslehre. Der Krieg wurde als das größte Übel unter den Menschen angesehen, erlaubt war nur der Kampf zur Selbstverteidigung gegen Angreifer von außen. Die unteren sozialen Schichten, die Daoisten und die Buddhisten, durften keine Kampfwaffen tragen, diese waren nur den Kriegern vorbehalten. Folglich mussten die Menschen der unteren Schichten lernen, sich auch ohne Kampfwaffen optimal zu verteidigen. Die Buddhisten wollten dazu beitragen, das Leiden im Leben zu verringern, deswegen lehnten sie den Agriffskrieg ab, der nur Leiden zur Folge hat. Später hatten sich auch Menschen aus den oberen sozialen Schichten dem Buddhismus angeschlossen, weil sie vor allem in den Meditationstechniken Vorteile für ihr Leben sahen. Doch die längste Zeit der chinesischen Kultur gab es keine Zusammenarbeit zwischen den Buddhisten und den konfuzianischen Schulen.[36]

Mit der schrittweisen Übernahme westlicher Philosophie (Pragmatismus) zu Beginn des 20. Jahrhunderts unter den Gebildeten in China wurden die konfuzianischen Weltdeutungen und die religiösen Lehren deutlich relativiert. Die Geisteswelt der gebildeten Chinesen war mehrheitlich säkulär, aber deutliche Religionskritik kam durch die Ideologie des Marxismus und des Kommunismus nach China. Mit der Gründung der Kommunistischen Partei Chinas (1921) wurde auch die Überzeugung verbreitet, dass

35 Ebenda, S. 63-78.

36 M. Hutter, Das ewige Rad. Religion und Kultur des Buddhismus. Graz 2001, S. 77-89.

die Religion langsam absterben werde. Mao tse Dong wollte mit seiner aggressiven Politik gegen die Religion deren Sterbeprozess beschleunigen.[37]

Doch im modernen China leben seit 35 Jahren (Deng Xiao Ping) die im Staat zugelassenen Religionen unter der staatlichen Kontrolle weiter. Der Daoismus, der Buddhismus, der Islam, das Christentum und die alten Volksreligionen sind weiterhin lebendig. Viele Chinesen finden in der Religion ihre emotionale und geistige Verwurzelung, doch der Staat und die Religion sind seit 1950 strikt getrennt. Der Staat achtet darauf, dass nicht unter dem Deckmantel der Religion revolutionäre Bewegungen entstehen können.[38]

Wir erkennen auch in den chinesischen Religionen die verschiedenen Funktionen für das persönliche Leben und für die Gesellschaft. Vor allem im Daoismus, in der Ahnenverehrung und im Buddhismus finden auch heute noch viele Chinesen ihre geistige und moralische Verwurzelung. Geltende Verhaltensnormen werden weiterhin aus religiösen Überzeugungen abgeleitet (Daoismus, Buddhismus), der Glaube an die Welt der Ahnen oder an die Lichtwelt des Buddha gibt vielen Menschen die Kraft und Hoffnung, harte Lebenssituationen bestehen zu können.[39]

Daher wirkte die chinesische Volksreligion (Daoismus) kaum als Motivation zum Kämpfen und zum Erobern fremder Länder, ihre Funktion der „Zeitbombe“ war gering. Anders verhielt es sich mit der Religion der Krieger und der Beamten, sie glaubten an verschiedene Schutzgötter des Krieges, später an die Führung des einen Himmelsgottes (*Shang ti*). Die konfuzianischen Lehren trennten aber die Vorgaben der Moral von der Religion, diese Lehren behielten ihre Gültigkeit bis in die Gegenwart. Sie Lehren bieten auch eine starke Motivation zum Kämpfen, zum Leben in Gehorsam und zum Zusammenhalt des Staates. Wir sehen in der chinesischen Kultur eine deutliche Säkularisierung und Relativierung religiöser Lehren und Überzeugungen zugunsten der kritischen Vernunft.[40]

37 F. Reiter, Religionen in China. München 2002, S. 56-71.

38 Schaoping Gan, Chinesische Philosophie. Darmstadt 1997, S. 87-108.

39 F. Reiter, Religionen in China, S. 27-47.

40 Ebenda, S. 147-169.

Religionen Indiens

Die indischen Religionen begegnen uns in einer großen Vielfalt, sie sind nach Regionen und Zeitepochen sehr verschieden. Wir finden dort die Mythen aller Kulturstufen, nämlich von Jägern und Sammlern und Fischern, von frühen und späteren Viehzüchtern, von niederen und höheren Ackerbauern, später von Stadtkulturen. Von der alten Industal-Kultur (2350 bis 1750 v.Chr.) um die Städte Harappa und Mohenjo Daro haben wir viele archäologische Funde, Gefäße und Tonfiguren, vor allem weibliche Gestalten; aber auch ein Schriftsystem, das bis heute nicht entziffert werden kann. Wir haben es mit einer Kultur von niederen Ackerbauern zu tun, die stark matrifokal geprägt war. Denn wir erkennen noch die Spuren von Fruchtbarkeitsriten und die Verehrung weiblicher Gottheiten, die bei frühen Bodenbauern weit verbreitet waren.[41]

Genaueres wissen wir über die Religionen der indo-arischen Einwanderer (*Aryas*), die ab 1500 v.Chr. von Nordwesten her die nördlichen Teile Indiens besiedelten. Sie waren kriegerische Hirtennomaden, die sich mit den eroberten Ackerbauern verbanden, die dann sesshaft wurden und selbst den Ackerbau lernten. Bereits zur Zeit der Einwanderung hatten sie soziale Schichten, die in der Folgezeit weiter vertieft und spezifiziert wurden. So verehrten die einzelnen Schichten unterschiedliche Ahnen und Schutzgötter. Für die Krieger (*Kschatrya*) waren die Kriegsgötter Indra und Varuna wichtig, ihnen wurden feste Kultstätten errichtet und Tieropfer dargebracht, damit sie die Kampfkraft der Krieger stärkten. Als der Kult für die Götter institutionalisiert wurde, entstand eine neue soziale Schicht der Kultdiener und der Priester (Brahmanen). Sie leiteten die Riten, brachten die Tieropfer dar und erzählten die Mythen als Boschaften der Schutzgötter.

Mit der Sesshaftwerdung bildete sich die dritte soziale Schicht (*Vaishas*) aus den freien Bauern, den Hirten, den Handwerkern und den Händlern. Auch sie hatten ihre eigenen Riten, erzählten Mythen und verehrten Schutzgötter. Den vierten Stand (*Shudra*) bildeten die unfreien Arbeiter, die Diener und Sklaven der Krieger und der Priester. Zu diesem Stand zählte mehrheitlich auch die besiegte Urbevölkerung.[42]

41 H. Michael, Hinduismus. In: A. Grabner-Haider / K. Prenner (Hrsg.), Religionen und Kulturen der Erde. Wien 2005, S. 135-142.

42 K. Meisig, Shivas Tanz. Der Hinduismus. Freiburg 1996, S. 23-44.

Allgemein wurden die Kräfte der Natur als göttliche Wesen gesehen und von den Menschen angerufen: der Wind (*vayu*), die Morgenröte (*ushas*), die Sonne (*surya*) u.a. Die erfahrbare Welt wurde in drei Bereiche geteilt, den Himmel, die Erde und das Wasser. Elf Gottheiten lenkten diese Kräfte der Natur. Für die Krieger war der Gott Indra wichtig, denn er begegnete den Menschen im Wind, im Sturm, im Gewitter, im Blitz und im Donner. Der Gott Agni wurde im Feuer verehrt, er verwandelte die Opfergaben der Menschen. Der Gott Rudra brachte beiden Geschlechtern die Krankheit, den Husten, das Unglück und den frühen Tod. Die Welt war voll mit guten und bösen Geistwesen, die ersten wurden herbeigerufen, die zweiten wurden abgewehrt oder vertrieben. Allgemein glaubten die Menschen, dass die Seelen der Vorfahren (Ahnen) ein gutes Leben im Totenland haben, wo sie vom Totengott Yama geleitet werden. Auch die Ahnenseelen wurden von den Nachfahren um Schutz und Hilfe angerufen.[43]

Schon früh finden wir in der indischen Mythologie die Vorstellung von einem Strafort, wo die Übeltäter für ihre Sünden büßen müssen. Sesshafte Kulturen hatten solche Orte für Sünder und Verbrecher geschaffen, denn sie hatten auch bereits größere Gerichte, die über die Sippen hinausgingen. In der Frühzeit waren Übeltäter aus der Gruppe ausgestoßen oder getötet worden. Die frühen Veden kannten noch keine Lehre von der Wiedergeburt der Seelen nach dem Tod des Körpers, um alte Schuld abzutragen. Doch die Waldmystiker, welche die Upanishaden schufen, entwickelten diese Lehre von den mehrfachen Geburten der menschlichen Seele, weil diese in jedem Leben moralische Schuld anhäuft. Die Priester lehrten später, dass sie selbst weitgehend ohne Sünde lebten und dass ihre gereinigten Seelen in die Welt der Götter eingehen werden.[44]

Doch spätere Reformbewegungen der Wanderasketen verkündeten, dass alle Menschen nach ihrem Tod in die Lichtwelt der Ahnen eingehen werden. Nach den Lehren der Brahmanen wird die ganze Welt und damit auch jedes Menschenleben vom ewigen Weltgesetz (*dharma*) geleitet und bestimmt. Die Menschen müssen nach den Vorgaben dieses Weltgesetzes leben, dann werden sie nach dem Tod ein gutes Leben haben. Zur Lehre der Priester gehörte auch der Glaube, dass alle Menschen durch Riten und durch soziale Handlungen gute Lebensenergie (*karma*) sammeln können. Doch durch den Verzicht auf Riten und durch böse Taten sammeln sie

43 B. Bäumer, Hindusmus. In: J. Figl (Hrsg.), Handbuch der Religionswissenschaft. Innsbruck 2003, S. 315-332.

44 H. Michael, Hinduismus, S. 138-144.

dunkle und böse Karma-Energie an. Diese gesammelte Energie bestimmt das weitere Schicksal eines Menschen nach dem Tod seines Körpers. Die Menschen können auch durch das heilige Wissen (*veda*) der Priester und durch die Liebe (*bhakti*) zu den Schutzgöttern gute Lebensenergie sammeln. Die Weltzeit wurde zyklisch vorgestellt, folglich löste eine Weltzeit die andere ab.[45]

Die Menschen aller sozialen Schichten wussten sich bei ihren Schutzgöttern geborgen, in Not riefen sie diese um Hilfe an. Sie entwickelten emotionale Beziehungen zu den göttlichen Wesen, aber sie glaubten sich bei ihren Handlungen von ihnen kontrolliert. Verehrt wurden zumeist Götterpaare als Vorbilder der menschlichen Paare. Das Erleben von Sexualität verbanden sie häufig mit dem Göttlichen, denn in der sexuellen Ekstase meinten sie, den Lebenskräften der Götter sehr nahe zu sein. Die Brahmanen erzählten, wenn sich der Gott Brahma und die Göttin Sarasvati sexuell paaren, dann erschaffen sie neue Welten und neue Zeiten. Den Gott Vishnu riefen vor allem die Bauern, die Hirten, die Händler und die Handwerker um Schutz und Hilfe an. Sie erzählten, dass er den Menschen in Not und Gefahr immer zu Hilfe kam; in der Gestalt eines Fisches, einer Schildkröte, eines Ebers, eines Löwen, eines Zwerges oder des Kriegers Rama, des Hirten Krishna, des Weisen Buddha und des Reiters Kalkin. Sie waren überzeugt, dass er die Erde und die Menschen vor Unheil bewahren werde.[46]

Die Hirten und Bauern verehrten den Gott Krishna, der unter ihnen als Mensch erschien. Mit seiner Frau Radha war er den Sippen ein Vorbild der sinnlichen Liebe. Die unheimliche Kraft des Göttlichen zeigte sich den Menschen in der Gestalt des Gottes Shiva, denn er schenkte Fruchtbarkeit und Leben, aber er nahm auch das Leben und tötete die Menschen. Sie verehrten ihn als den Herrn des Tanzes und der kosmischen Verwandlungen, seine Ehefrau Parvati wurde als eine Urmutter des Lebens verehrt und angerufen. In der sozialen Mittelschicht wurden viele Göttinnen (*devi*) angerufen und verehrt; die Göttin Durga ritt auf Löwen, und die Göttin Kali tötete zahllose Menschen und verlangte viele Blutopfer. Wir sehen hier die Ambivalenz der Religion, zum einen vermittelt sie Geborgenheit, zum anderen erzeugt sie Lebensangst. Viele Glaubende aus der Mittelschicht wollten sich mit der weiblichen Urkraft (*shakti*) des Göttlichen verbinden.[47]

45 B. Bäumer, Hinduismus, S. 318-333.
46 H. Michael, Hinduismus, S. 146-152.
47 B. Bäumer, Hinduismus, S. 320-336.

Andere Fromme wollten sich emotional mit ihren Schutzgöttern verbinden, sie brachten ihnen Gefühle der Liebe (*bhakti*) und der Zuneigung entgegen. Oder sie beteiligten sich am ekstatischen Tanz am heiligen Ort, um die göttlichen Lebenskräfte in sich aufzunehmen. Sie sprachen Gebete und sangen Loblieder an den heiligen Orten, sie brachten den Schutzgöttern und den Ahnen kleine Opfergaben dar. Gebildete Inder lernten das heilige Wissen (*veda*) der Priester, sie führten die vorgeschriebenen Riten regelmäßig aus. Moderne Inder verehren das Göttliche in vielen menschenähnlichen Gestalten, oder sie beziehen sich nur auf einen einzigen Gott (Vishnu oder Shiva). Die Religiosität ist in den ländlichen Regionen noch sehr lebendig, sie nimmt aber mit dem Grad der naturwissenschaftlichen Bildung deutlich und rapide ab.[48]

Die Religion des Buddhismus entstand in Nordindien als eine Reformbewegung der alten Religion durch Wanderasketen im 5. und 4. vorchristlichen Jahrhundert. Die Anhänger beziehen sich auf eine historische Gründergestalt, auf den Kriegersohn Gautama Siddharta. Zu seiner Zeit gab es viele Wanderasketen, die von den sesshaften Sippen verstoßen wurden oder die freiwillig ihre Sippen verließen. Sie übten sich in der alten Meditationstechnik des Yoga und der körperlichen Askese. Da für sie das Leben besonders leidvoll war, wollten sie aus dem Kreislauf der vielen Geburten der Seele möglichst schnell aussteigen. Sie wollten das Leiden verringern, deswegen befolgten sie die Moralgebote der Yogaanhänger: kein Leben töten, nichts stehlen und rauben, nicht lügen, keine unerlaubten sexuellen Beziehungen eingehen und keine berauschenden Getränke und Drogen aus der Natur nehmen.[49]

Auf diese Weise entstand innerhalb der indischen Religion eine große Reformbewegung, die hauptsächlich von Wanderasketen geprägt wurde. Siddharta Gautama wurde für seine Anhänger und Schüler zum ersten „Buddha", zum Erleuchteten, der in die göttliche Lichtwelt eingegangen ist. Sie waren davon überzeugt, dass alle sozialen Schichten und beide Geschlechter die gleiche Chance haben, in die göttliche Lichtwelt (Nirvana) einzugehen, wenn sie gestorben sind. Sie akzeptierten nicht mehr die großen Riten und die Opfer, auch nicht die Lehren der Brahmanen. Wir erkennen in den Ansätzen eine egalitäre Religion, welche die Grenzen der sozialen Schichten und der Kasten auflösen wollte. Alle Menschen haben die

48 K. Meisig, Shivas Tanz, S. 185-195.

49 H. Michael, Buddhismus. In: A. Graber-Haider / K. Prenner (Hrsg.), Religionen und Kulturen der Erde. Wien 2005, S. 154-158.

gleiche Chance der Erlösung von den Kräften des Bösen und des Leidens, denn alle müssen sich in der Meditation üben und die fünf Grundgebote befolgen. Dann können sie aus dem Kreislauf der vielen Geburten aussteigen, und ihre Seele kann in der göttlichen Lichtwelt zur Ruhe kommen; oder die Seele löst sich in der Leerheit des Nirvana auf.[50]

Die Brahmanen aber sahen in dieser neuen und egalitären Lehre und Praxis einen Abfall von der alten Religion der Krieger. Doch auch die Jainas gingen einen ähnlichen Weg wie die Buddhisten, auch sie betonten die Meditation und die Askese und lehrten den egalitären Zugang zur göttlichen Welt. Sie und die Buddhisten wollten ein friedliches Zusammenleben der Menschen ermöglichen, den Weg der Krieger und der Zerstörung von Leben lehnten sie ab. Beide Religionen lebten pazifistisch, sie wollten nie einen Krieg beginnen, aber sie wollten sich verteidigen, wenn sie von anderen angegriffen wurden. Wir erkennen im Buddhismus und im Jainismus die Religionsform der unteren sozialen Schichten, der sich in späterer Zeit freilich auch einige der Krieger angeschlossen haben.[51]

Vor allem der Buddhismus entwickelte sich in mehrere Richtungen weiter, zuerst teilte er sich in einen Mönchsbuddhismus (Kleines Fahrzeug) und in einen Laienbuddhismus (Großes Fahrzeug). Der erste betonte den Weg des Askese und der Gebote, der zweite wurde vor allem durch die verheirateten Laien geformt. Buddhistische Lehrer kamen bald nach Tibet und nach China, sie haben sich der dortigen Lebenswelt angepasst und ihre Lehren mit der bestehenden Religion vermischt. Die Laienbuddhisten (Mahayana) betonen das soziale Engagement für die Armen und die Notleidenden, sie wollen sich gegenseitig auf dem Weg zur Erlösung vom Leiden helfen. Doch für alle Buddhisten gelten die fünf Grundgebote, die sie von den Yogaanhängern übernommen haben: kein Leben töten, nicht stehlen und rauben, nicht lügen und täuschen, keine unerlaubten sexuellen Beziehungen suchen und keine Drogen und berauschenden Getränke nehmen.[52]

Einige Buddhisten leben asketisch, sie verzichten auf Ehe, Familie und Sexualität, doch die große Mehrheit der Buddhisten lebt in einer sinnlichen und erotischen Lebensform, sie sehen in der sexuellen Ekstase die Begegnung mit der Lichtwelt des Buddha. Allgemein gilt der „mittlere“ Weg als Richtschnur, nämlich die rechte Mitte zwischen dem totalen Ver-

50 K. Meisig, Der Klang der Stille, S. 67-82.

51 M. Hutter, Das ewige Rad. Religion und Kultur des Buddhismus. Graz 2001, S. 34-47.

52 H. Michael, Der Buddhismus, S. 156-160.

zicht und dem exzessiven Genuss. Sie leben eine Ethik der Solidarität mit den Schwächeren und den Leidenden, sie wollen den Frieden erhalten und Frieden stiften. Manche sehen ihre Seele als ein Bündel von Eindrücken, das sich nach dem Tod in der Lichtwelt des Buddha auflösen wird. Das Nirvana wird als Leerheit, als reines Nichts oder als helles Licht gesehen, aber es ist auch von himmlischen Paradiesgärten die Rede. Im Grunde können sich die Lehren des Buddhismus an alle Kulturformen anpassen, seit dem 19. Jahrhundert sind sie auch in Europa und Amerika verbreitet worden.[53]

Wir sehen auch in den Religionen Indiens die verschiedenen Funktionen für das Leben der Menschen. Die Glaubenden finden in der imaginären Welt der Schutzgötter und der Ahnen eine gewisse Geborgenheit (Sedativum), sie können ihrem Dasein einen Sinn geben. Sie erfahren Orientierung für ihre Lebensgestaltung und sie bekommen konkrete Normen für ihr Handeln. In den verschiedenen Formen der Meditation geht es darum, die innere Lebenskraft zu stärken (Lebenselexier), die menschlichen Hoffnungspotentiale zu wecken, die Lebensfreude und die sinnliche Lust zu vermehren. Diese Funktion sehen wir in der Yoga-Meditation, aber auch in vielen Techniken des Mahayana-Buddhismus.[54]

Ganz ohne Zweifel wirkten die Lehren und die Riten der indischen Religion für viele kranke Menschen auch heilend (Plazebo), denn es wurden verschiedene Rituale der Heilung an den heiligen Orten ausgeführt. Die Menschen lernten in der Religion, das Leiden zu ertragen und ihm einen positiven Sinn zu geben, aber auch das Leiden zu vermindern. Vor allem gaben die religiösen Lehren dem Sterben seinen Sinn, sie erleichterten das Loslassen des Lebens. Denn die Bilder der Ahnenwelt, der göttlichen Lichtwelt oder des himmlischen Paradieses ermöglichten den Glaubenden einen guten Tod. Außerdem begleitete die Religion die Menschen mit ihren Riten durch alle Lebensphasen: Schwangerschaft und Geburt, Kindheit und Jugend, Erwachsensein und Altern, der Abschied vom Leben. Viele religiöse Riten (*bhakti*, Tantra, *shakti*) weckten in den Glaubenden die sinnliche Lebensfreude und die Freude an der Sexualität. Die Tänze waren Ausdruck des starken Lebenswillens und der Verbindung mit der Welt des Göttlichen und des Heiligen.[55]

Hier müssen aber auch die negativen Funktionen und die destruktiven Potentiale der Religionen Indiens (Zeitbombe) kurz in den Blick kommen.

---

53 M. Hutter, Das ewige Rad, S. 233-252.

54 J. Hick, Religion, S. 70-83.

55 Ebenda, S. 49-65.

Für die Krieger waren die Schutzgötter des Krieges immer auch die Motivation zum Kämpfen und zum Töten, denn Mitra und Varuna zerschmetterten ihre Feinde. Den Kriegern wurde gelehrt, dass ihre Seelen sofort in die göttliche Welt kommen, wenn sie im Kampf getötet werden. So tröstete der Gott Krishna den jungen Krieger Arjuna, der nicht in den Krieg ziehen wollte (Baghavadgita). Die Religion der Oberschicht gab den Kriegern immer auch die starke Motivation zum Kämpfen und zum Töten von Leben, denn der Krieg erfolgte nach einem göttlichen Plan. Deswegen zogen dann viele Krieger in heiliger Begeisterung in den Kampf, auch wenn sie dort ihr Leben verloren.[56]

Wir sehen die destruktiven Potentiale der indischen Religion noch heute in den Furcht erregenden Bildern der Götter Shiva, Durga und Kali. Diese Götter haben auch Lust am Töten und an der Zerstörung von Leben. Viele fundamentalistische Bewegungen beziehen sich noch heute auf diese sozial gefährlichen Potentiale der Religion. Wir können also sagen, dass sich in den Religionslehren einer Kultur immer die ambivalenten Dynamiken des menschlichen Daseins spiegeln. Dominant sind meistens die lebenerhaltenden Kräfte, denn sonst würde eine Kultur nicht überleben. Aber im Hintergrund bleiben die destruktiven Kräfte der Götter noch sehr lebendig. Das sollten alle diejenigen bedenken, die heute und seit Langem in naiver Weise von den angeblich sanften Religionen Indiens schwärmen.[57]

Religionen Japans

Auch die Volksreligionen der japanischen Inseln waren stark von der Verehrung der Ahnen und Vorfahren geprägt. Die Menschen glaubten, dass deren unsichtbare Seelenkräfte ihr Leben begleiteten und dass sie an bestimmten Orten mit ihnen Kontakt aufnehmen konnten. An den Kultorten hingen sie auf zwei senkrechten und zwei waagrechten Stangen Spiegel und geschliffene Steine auf, um diese Ahnenseelen herbeirufen zu können. Denn sie dachten, dass die Seelen der Vorfahren wie Vögel oder in den Vögeln auf diesen Stangen Platz nehmen könnten. Sie nannten die Ahnenseelen Kami, die sie ständig im Leben anrufen konnten, wenn sie in Not

56 H.G. Stobbe, Religion, Gewalt und Krieg, S. 267-289 und S. 87-99.
57 M. Hutter, Das ewige Rad, S. 233-250.

waren. Sie brachten ihnen kleine Opfergaben an bestimmten Orten und Kultplätzen, um damit ihren Gruppenzusammenhalt zu bestärken.[58]

In der Frühzeit ihrer Kultur verehrten auch die Japaner die großen Phänomene der Natur als göttliche Wesen. Und sie gaben diesen unsichtbaren Kräften bald menschliche Gestalt, um sie anrufen zu können. In ihren Mythen erzählten sie von der großen Sonnengöttin Amaterazu, die den Menschen das Licht und die Lebenskraft sendet. Oder sie berichteten vom Meeresgott Sasanowo, der mit seinen Fluten die Reisfelder der Sonnengöttin und der Menschen zerstörte (Tsunami). Er musste aber dann vor ein göttliches Gericht hintreten, zur Strafe musste er der Götterversammlung tausend Tische mit Opfergaben bereitstellen. Denn durch die Opfer werden die Götter gestärkt. Wir sehen hier Mythen von frühen Ackerbauern und von Fischern. Ein anderer Mythos erzählt, wie das Götterpaar Izanagi und Izanani mit einer langen Stange Schlamm aus dem Meer stocherte. Dieser Schlamm schwamm auf dem Meer, so entstanden die japanischen Inseln. Dieses Götterpaar hatte auch die Hochzeitsriten der Menschen eingeführt. Nach dem alten Ritus musste die Frau das erste Wort sprechen (matrifokale Kultur), doch ihre Kinder wurden krank und starben. Nach dem neuen Ritus sprach der Mann das erste und das letzte Wort (patriarchale Kultur), jetzt überlebten die Kinder.[59]

Dieser Mythos berichtet in symbolischer Sprache vom Übergang der matrifokalen Kultur der niederen Bodenbauern zur androzentrischen Kultur der höheren Ackerbauern. Die Sippen vollzogen in ihren Häusern verschiedene Hausriten, in denen sie die Ahnen und die Schutzgötter anriefen. Sie führten an den heiligen Orten viele Riten der Reinigung von Schuld durch. Denn sie glaubten, dass sich mit den Sünden und Gesetzesübertretungen Staub auf den Spiegel der Seele legte. Dadurch werde ihre Lebenskraft geschwächt, nur durch Reinigungsriten könne die Seele wieder gestärkt werden. Viele dieser Riten wurden auch von Priestern und Priesterinnen geleitet. Beim großen Matsurifest im Sommer, das eine Woche dauerte, wurden die Ahnenseelen zu einem großen Fest der Sippen eingeladen.[60]

Seit früher Zeit wurde Japan stark von der chinesischen Kultur mitgeprägt, das zeigt sich auch in der religiösen Weltdeutung. Von China kam

58 Th. Immoos, Die Religionen Japans. Graz 1998, S. 39-58.

59 Th. Immoos, Shintoismus. In: J. Figl (Hrsg.), Handbuch der Religionswissenschaft. Innsbruck 2003, S. 288-298.

60 P. Knecht, Japanische Religionen. In: A. Grabner-Haider / K. Prenner (Hrsg.), Religionen und Kulturen der Erde. Wien 2005, S. 192-200.

im 8. Jahrhundert n. Chr. die Schrift nach Japan, es wurden daoistische, buddhistische und konfuzianische Lehren der Weltdeutung verbreitet. Daher glaubten auch die japanischen Daoisten an einen weiblichen Urgrund des Kosmos und der Welt, in der Menschenwelt wirkten immer die beiden komplementären Kräfte Yin und Yang. Vor allem die unteren sozialen Schichten verbanden den daoistischen Glauben mit der alten Verehrung der Ahnen (*Shinto*). Ihnen war durch die Krieger das Tragen von Waffen verboten, daher strebten sie nach einer friedvollen Kultur. Denn es war ihnen nur der Kampf zur Verteidigung erlaubt, aber nicht der Kampf des Angriffs und der Eroberung. Daher entwickelten die unteren sozialen Schichten viele defensive Kampfkünste.[61]

Auch der Buddhismus kam durch Mönche und Nonnen aus China nach Japan, er verbreitete sich zuerst bei den unteren sozialen Schichten. Dort entwickelte sich früh ein naiver Glaubensbuddhismus (*Shin*), darin wurde den Glaubenden geraten, das ganze Leben voller Vertrauen dem Buddha zu übergeben (Amida-Buddhismus) und ihn ständig um Hilfe anzurufen. Die Gläubigen verehrten männliche und weibliche Buddhagestalten, sie sehnten sich nach der Lichtwelt des ersten Buddha. Für sie galten die vier edlen Wahrheiten von der möglichen Überwindung des Leidens, und sie befolgten die fünf Grundgebote der Mönche und Nonnen und strebten nach dem achtteiligen Pfad zur Weisheit.[62]

Doch die buddhistischen Mönche wandten sich schon früh den japanischen Kriegern (Samurai) und den Beamten zu. Sie gründeten frühe Klöster und Meditationshallen, dort lehrten sie die Krieger ihre verschiedenen Meditationstechniken (Zen). Denn sie waren davon überzeugt, dass durch die regelmäßige Meditation (*zazen*) die innere Lebenskraft und damit auch die Kampfkraft gestärkt werden. Daher verbanden die Krieger ihre besonderen Lebensregeln (*Bushido*) bald mit den buddhistischen Meditationsmethoden, um höchste Konzentration zu erlernen. Bei den Kriegern stärkten die Lehren des Buddha auch das nationale Bewusstsein gegenüber fremden Völkern.[63]

Schon früh verbanden die japanischen Krieger ihren Moralkodex mit den Lehren des Konfuzius, die aus China zu ihnen gekommen waren. Hier ging es um die Unterordnung unter die Befehlsgeber, um den unbedingten Gehorsam und um viele Kinder in der Sippe. Denn es sollten zu jeder Zeit

61 Th. Immoos, Shintoismus, S. 290-296.
62 P. Knecht, Japanische Religionen, S. 192-200.
63 M. Hutter, Das ewige Rad 104-114.

viele junge Krieger nachwachsen. So sehen wir in Japan eine Vielfalt an religiösen Überzeugungen und Riten, die unteren sozialen Schichten folgten anderen Religionslehren als die Krieger und Beamten. Die buddhistischen Lehren vertrugen sich mit den daoistischen Vorstellungen und mit der shintoistischen Ahnenverehrung. In den erzählten Mythen erkennen wir die Lebenswelt der Jäger, Sammler und Fischer, der frühen und der späteren Ackerbauern, aber auch der Hirtennomaden. Das Land entwickelte eine starke Toleranz zwischen den religiösen Überzeugungen und Lebensformen, wir erkennen mehrere Formen der Religionsvermischung.[64]

Auch in den Religionen Japans sehen wir die verschiedenen Funktionen von religiösen Überzeugungen für die praktische Lebensgestaltung. Die Menschen wussten sich bei den Ahnenseelen und bei den Schutzgöttern geborgen und beschützt. Von ihnen bekamen sie die Anleitung zum guten und glücklichen Leben, aber auch die Deutung der Welt und die Orientierung des Daseins. Religiöse Lehren wirkten durch viele Generationen als Lebenselixier, denn sie gaben den Glaubenden Lebenskraft und Hoffnung in schwierigen Situationen. Sie halfen mit, Leiden zu ertragen, Krankheiten zu heilen, den Tod anzunehmen. Die Regeln des guten Zusammenlebens wurden mehrheitlich aus der Religion hergeleitet. Aber wir sehen in den Religionslehren der Krieger auch eine starke Motivation zum Kämpfen und zum Töten.[65]

Die Krieger mussten bereit sein, ihr Leben für den Fürsten und den Stamm bzw. das Volk einzusetzen. Sie deuteten ihren Tod im Kampf als Opfer an die Ahnenseelen oder an die Schutzgötter. Aus den Lehren des Zen-Buddhismus und aus dem Ehrenkodex der Krieger (Bushido) entstand im 19. und 20. Jahrhundert der japanische Nationalismus, der zur Eroberung fremder Länder und zur Beteilung am Zweiten Weltkrieg führte. Japan ist bisher das einzige Land der Welt, das durch zwei Atombomben im Jahr 1945 besiegt und zur Kapitulation gezwungen wurde. Auch dieser Schock konnte durch religiöse Überzeugungen überwunden und auf konstruktive Weise verarbeitet werden. Heute wird Japan durch eine Vielfalt von religiösen Überzeugungen und Lebensformen geprägt.[66]

---

64 K. Meisig, Klang der Stille, S. 163-182.

65 P. Knecht, Japanische Religionen, S. 200-207.

66 L. Brüll, Japanische Philosophie. München 1997, S. 66-88.

Religionen des Alten Orients

Über die Religionen des Alten Orients haben wir bereits ein genaueres Wissen, weil sie uns seit 3000 v.Chr. schriftliche Texte hinterlassen haben. In *Ägypten* verehrten die Menschen verschiedene göttliche Wesen der Natur und anthropomorphe Götter und Göttinnen. Dabei können wir die imaginäre Welt der Götter als Spiegelung von realen Lebenswelten der Menschen, von sozialer Schichtung und Funktionsteilung lesen. In der Frühzeit standen Naturgötter im Vordergrund, die Sonne, der Mond, der Sturm, die Gewitter wurden als göttliche Kräfte und Wesen verehrt. Auf die Zeit der Jäger und Sammler und der frühen Hirtennomaden weisen die Schlange, die Kuh, der Stier, der Mistkäfer, das Krokodil, der Löwe als Tiergötter hin. Zum einen wurden gefürchtete Tiere, zum andern aber Nutztiere als göttliche Wesen verehrt. In der Frühzeit verehrten die Sippen und Stämme ihre besonderen Schutzgötter an heiligen Orten und Kultplätzen; später wurden dort Bauwerke aus Stein (Tempel) errichtet, um die Riten zu vollziehen und dabei göttliche Kräfte in sich aufzunehmen. Aus der Zeit der frühen Königreiche kennen wir bereits mehrere Kultorte mit einer eigenen Priesterschaft, sie lehrten eine Mythologie der Königsherrschaft.[67]

Die Priester entwickelten eine frühe Schrift (Hieroglyphen) und schrieben ihre Mythen und Riten auf. Darin wurde die Menschenwelt von einer göttlichen „Weisheit" (*maat*) gelenkt. Die Könige, die Priester und die Krieger hatten die Aufgabe, diese göttliche Ordnung in der Menschenwelt durchzusetzen. Im zentralen Staatskult wurde von einem göttlichen Gericht über alle Toten erzählt. Dies setzte voraus, dass es in den Regionen schon menschliche Gerichte gab. An verschiedenen Kultorten (Memphis, Theben, Sais) wurde die göttliche Sonne (Re) angerufen und verehrt, ihr wurden Opfer gebracht und Hymnen gesungen. An den Kultorten wurden Bilder der Schutzgötter aus Stein oder Holz aufgestellt, die Priester mussten diese Bilder am Morgen ankleiden und am Abend entkleiden. Besondere Festzeiten waren der Jahresbeginn (Aussaat) und die Zeit der Ernte. Von den Toten wurde erzählt, dass ihre unsichtbaren Seelenkräfte im Land der Ahnen wohnen, doch die Seelen der höheren sozialen Schichten seien näher bei der göttlichen Welt als die anderen Seelen.[68]

67 J. Assmann, Ägyptische Religion. In: J. Figl (Hrsg.), Handbuch der Religionswissenschaft, S. 104-110.

68 J. Assmann, Ägyptische Religion, S. 104-109. P. Heider, Ägypten. In: A. Grabner-Haider / K. Prenner (Hrsg.), Religionen und Kulturen der Erde. Darmstadt 2004, S. 23-30.

Mit der Vorstellung von einem „Totengericht“ durch den Gott Osiris müssen die Menschen moralische Verantwortung für ihr Handeln und Denken übernehmen. Die Seelen der Toten werden für gute und soziale Handlungen belohnt, aber für böse und unsoziale Handlungen bestraft. Mit dieser Vorstellung lernten die Menschen an den heiligen Orten die Regeln des sozialen Lebens und des moralischen Verhaltens, zum anderen bildeten sie eine persönliche Beziehung zu den Schutzgöttern. Diese riefen sie um Hilfe an, wenn sie in Not waren, und sie sagten ihnen Dank, wenn sie Glück erfuhren. Die Menschen gaben vor den Göttern ihre Versprechen ab (Eide) und sie gaben ihnen Opfergeschenke. Für die Ackerbauern waren die Schutzgötter der Fruchtbarkeit wichtig, für die Felder, für die Haustiere und für die Menschensippen. Im zentralen Staatskult legitimierten die Könige (Pharaonen) ihre Herrschaft mittels der Priester und der Krieger, ein einziger und höchster Staatsgott sollte diese Herrschaft festigen.[69]

Der König Echnaton radikalisierte den zentralen Staatskult, mit den Kriegern und gegen die Priester setzte er kurzzeitig die alleinige Verehrung des Sonnengottes (Aton) durch. Doch schon sein Nachfolger musste diesen politischen Monotheismus wieder relativieren. Viele Texte (Pyramidentexte, Totenbuch) beschreiben den Weg der Totenseelen in das Land der Ahnen, in die Unterwelt oder in die göttliche Welt (König). Nach den Lehren der Priester wurde der Gott Amun-Re zum Herrscher des ganzen Volkes und der Menschenwelt. Sie stellten ihn in drei Gestalten dar, als Amun, als Re und als Ptah. Die anderen Götter wurden als „Abbilder“ dieses dreigestaltigen Gottes gedeutet. Auch die Menschen der unteren sozialen Schichten riefen diesen Gott um Hilfe in Notlagen an, denn er beschützte die Rechtlosen. Wir erkennen in der Religion Alt-Ägyptens die verschiedenen Funktionen für das Leben der Glaubenden, vom Sedativum bis zum Lebenselixier.[70]

Ähnlich lassen sich auch die Religionen Mesopotamiens darstellen und deuten. Auch von ihnen haben wir schriftliche Texte in Keilschriftform, seit ungefähr 3000 v.Chr. Die frühen Ackerbauern an den Flüssen Euphrat und Tigris verehrten Schutzgötter der Fruchtbarkeit, aber auch Götter der Jagd und der Tierherden. Dort haben verschiedene Völker und Kulturen ihre Spuren hinterlassen: Sumerer, Akkader, Amoriter, Assyrer, Babylonier, Elamiter, Hurriter, Aramäer, Chaldäer u. a. In den Keilschrifttexten le-

69 J. Assmann, Ägyptische Religion, S. 110-113.
70 P. Heider, Ägypten, S. 15-22.

sen wir die Namen verschiedener Götter und ihre Funktionen für die Menschen. Die Priester erzählten und schrieben Mythen von weiblichen und männlichen Gottheiten, von Schutzgöttern der Bauern, der Hirten, der Krieger, der Händler, der Handwerker, der Frauen und der Männer. Die alte Muttergottin (Ninhursag, Ninmah, Mami) wurde mit dem Mond und mit dem Venusstern in Bezug gesetzt. Die Priester berichten in ihren Mythen von einer göttlichen Welterschaffung, von der Erhaltung der Menschenwelt und der Getreidefelder, von der göttlichen Weisheit, die alles im Leben der Glaubenden lenkt. Die Menschen können sicher leben und sich geborgen wissen, aber sie müssen die moralischen Gebote der Priester bzw. der Götter befolgen. Wenn sie das nicht tun, droht ihnen Unglück.[71]

Nach diesen Lehren sind die Menschen entweder wie die Pflanzen aus dem Erdboden gewachsen oder sie wurden von einem göttlichen Wesen aus Lehm geformt. Als sie aber den Göttern zuviel Lärm machten, wurden sie durch eine große Flutwelle vernichtet. Danach wurden die Menschen von den Göttern erneut für ihre Dienste erschaffen. Seither müssen sie die Gesetze der Götter befolgen, welche die Priester verkündigen, und sie müssen die göttliche Weisheit verwirklichen. Wenn sie ihre Pflichten für die Gemeinschaft erfüllen, dann werden sie ein glückliches Leben haben. Nach dem Tod wandern die Seelen der Menschen in die Unterwelt, doch von einem Totengericht ist hier nicht die Rede. In den Tempeln wurden die Schutzgötter durch den täglichen Kult verehrt und gestärkt, die Menschen wollten an den heiligen Orten göttliche Kraft in sich aufnehmen. Die Mantiker beobachteten den Sternenhimmel und den Flug der Vögel, um daraus zukünftige Ereignisse abzulesen. Das ganze Leben der Menschen wurde von unsichtbaren Kräften (*meh*) gelenkt; gute Kräfte sollten angezogen, aber böse Kräfte abgewehrt werden.[72]

Frühe Bezeichnungen für die göttliche Urkraft waren: *il*, *ilah*, *el*, *elohim*; aus ihr wurden später im Glauben der Menschen die männlichen und weiblichen Göttergestalten: An, Enlil, Enki. Die große Göttin Inin / Ischtar wurde von den Priestern als die Herrin des Himmels angerufen, die Glaubenden sahen sie jeden Abend im Abendstern. Der Mondgott Nanna wurde als der Vermesser der Zeit und als Spender der Fruchtbarkeit gesehen, dem Sonnengott Schamasch wurden richterliche Funktionen zugesprochen,

71 H. Galter, Mesopotamien. In: A. Grabner-Haider / K. Prenner (Hrsg.), Religionen und Kulturen der Erde, S. 23-28.

72 H. Trenkwalder, Sumerisch-babylonische Religion. In: J. Figl (Hrsg.), Handbuch der Religionswissenschaft, S. 118-124.

er sorgte unter den Menschen für Gesetz und Ordnung. Der Gewittergott Adad wurde um Regen angefleht. Als die Krieger in Babylon eine neue Herrschaft errichteten, setzten sie die Verehrung ihres Schutzgottes Marduk durch, die alten Gottheiten wurden degradiert, was im Lied *Enuma elisch* erzählt wird. Sie richteten einen zentralen Kult ein und schufen einen neuen Festkalender. Auch hier erkennen wir, dass die Glaubenden eine persönliche Beziehung zu den Schutzgöttern fanden. Wie bei den Menschen gab es auch bei den Göttern viele Versammlungen.[73]

In der Folgezeit bekamen die Götter menschenähnliche Züge, sie waren für alle sozialen Schichten anrufbar. In einigen Texten nennen sich die Beter „Kinder Gottes“, den obersten Gott sehen sie als Krieger und Herrscher. Das Land der Toten lag unter der Erde (Unterwelt), es war voller Schatten und Dunkelheit. Die Menschen baten die Götter um ein langes Leben und um Glück und Gesundheit. Sie fürchteten böse Dämonen und Geistwesen, die sie mit Riten vertreiben wollten. Bei den großen Prozessionen wurden die Bilder der Stadtgötter mitgetragen, um deren Schutz zu erbitten. Das Ritual der „heiligen Hochzeit“ wurde ausgeführt, um den Feldern, den Viehherden und den Menschensippen Fruchtbarkeit zu geben. Auch hier mussten die Glaubenden die göttlichen Gebote und Gesetze befolgen, um ein gutes Leben haben zu können.[74]

Auch die Religion der Hethiter hat uns mythische Texte hinterlassen, die Götter haben dort viele Funktionen. Die Schutzgötter lenken das Wetter, sie schenken die Fruchtbarkeit der Felder. Von den Menschen werden sie zu den großen Festzeiten (*purulli*) angerufen und mit Opfern gestärkt. Die Welt wird in drei Bereiche eingeteilt, den Ort der Götter, den Bereich der Menschen und den Ort der Toten (Unterwelt). Die Priester verkünden den Glaubenden die göttlichen Gebote, wenn sie aber dagegen verstoßen, werden sie mit Krankheit und Unglück bestraft. An den heiligen Orten wurden die Riten der Reinigung und der Schuldvergebung ausgeführt, es wurden die Orakel befragt und die Opfer gebracht. Wichtig war die Verehrung der Ahnen, zu denen die Nachfahren gute Beziehungen haben wollten. Immer stützten die Schutzgötter die Herrschaft der Krieger und der Fürsten.[75]

73 H. Trenkwalder, Sumerisch-babylonische Religion, S. 120-128.

74 Ebenda, S. 132-139.

75 M. Hutter, Religionen im Hethiterreich. In: J. Figl (Hrsg.), Handbuch der Religionswissenschaft, S. 140-152.

Die Religionen der Perser zeigen eine große Vielfalt, sie werden seit der arischen Einwanderung (1500 v.Chr.) fassbar. Verehrt wurden die Kriegsgötter Mitra und Varuna. Ab 1000 v.Chr. wurde die Religion vom Priester und Propheten Zarathustra reformiert, die Zahl der Tieropfer wurde stark reduziert. Fortan wurde ein dualistisches Weltbild verstärkt, darin kämpfte ein Gott des Lichtes (Ahura mazda) gegen den bösen Gott der Finsternis (Angra Mainyu). Viele der alten Götter (*deivas*) wurden dem Reich der Dunkelheit zugeordnet und dämonisiert. Die Priester (*Magi*) leiteten den Feuerkult, denn durch die großen Feuer an den heiligen Orten sollten die bösen Dämonen der Finsternis vertrieben werden.[76]

Das wichtigste Ritual der Zoroastrier war die tägliche Yasna-Zeremonie an den heiligen Orten. Dabei wurde eine Pflanze in Mörsern zerstampft und ihr Saft wurde getrunken. Die Gläubigen nahmen im Trinken die göttliche Kraft in sich auf. Immer kämpfte der Gott des Lichtes gegen die Anhänger des bösen Herrschers der Finsternis. Nach den Begräbnissen der Toten waren viele Riten der Reinigung angesetzt. Die Könige der Sassaniden (224 bis 651 n.Chr.) förderten die Zarathustra-Religion, sie machten sie zur Staatsreligion, doch die alten Kulte wurden weiterhin toleriert. Ab 640 n.Chr. wurde Persien von den Moslems erobert, fortan wurde der Islam zur neuen Religion des Volkes.[77]

Die Religion der Kanaanäer lebte zum Teil im Judentum weiter. Wir erkennen auch in den Religionen des Alten Orients die verschiedenen Funktionen von religiösen Lehren und Glaubensformen. Die Glaubenden wussten sich bei ihren Göttern geschützt, denn sie hatten Angst vor bösen Dämonen. Damit gaben sie ihrem Leben und Sterben einen Sinn, denn sie glaubten an ein Weiterleben ihrer Seelenkraft nach dem Absterben des Körpers. Sie glaubten sich von höheren Mächten gelenkt und geleitet, vor denen sie moralisch verantwortlich waren. Von den Priestern lernten sie die moralischen Regeln des guten Zusammenlebens, die Krieger legitimierten ihre Herrschaft durch die Schutzgötter. Wir sehen in diesen Religionen eine starke Sinngebung des Lebens und eine klare Orientierung für das Handeln.[78]

---

76 M. Hutter, Iran. In: A. Grabner-Haider / K. Prenner (Hrsg.), Religionen und Kulturen der Erde, S. 35-40.

77 Ebenda, S. 39-45.

78 K.H. Ohlig, Religion in der Geschichte der Menschheit, S. 119-137.

Griechisch-Römische Religion

Die griechische Kultur hat uns eine Vielzahl von religiösen Zeugnissen hinterlassen, nämlich Heiligtümer auf Bergkuppen, an Quellen und in Erdhöhlen. Dort wurden die Seelen der Ahnen und die Schutzgötter der Sippen verehrt. Der heilige Bezirk (temenos) wurde zuerst mit Steinen abgegrenzt, später wurden dort Bauten aus Stein (Tempel) errichtet. Dort wurden Feuerriten ausgeführt, Weissagungen empfangen, Trinkfeste gefeiert und kultische Tänze getanzt. Die Krieger brachten ihre Waffen, um sie mit magischer Kraft aufzuladen. Es gab Prozessionen und es wurden den Schutzgöttern Menschenopfer und später Tieropfer dargebracht.

Für die Glaubenden waren die Götter (*theoi*) die größeren, die stärkeren und die lichtvollen Wesen, zumeist den Menschen ähnlich. Sie lebten glücklicher als die Menschen, in den späteren Mythen wurden sie unsterblich. Sie lenkten das Leben der Glaubenden, gaben ihnen Schutz und bestraften das Unrecht. Die Göttervorstellungen spiegeln die Kultur der Jäger, Sammler und der Fischer, dann der Ackerbauern, der Hirtennomaden und Viehzüchter. Die „Urmutter" Erde (Gaia) schenkte den Bauern die Fruchtbarkeit der Felder und der Obstgärten, Artemis war für die Jäger die „Herrin der Tiere". Die Hirten verehrten die heilige Kuh (Hera), die Krieger riefen ihre besonderen Schutzgötter an. Bei den Riten an den heiligen Orten wollten die Menschen die göttlichen Kräfte in sich aufnehmen.[79]

Durch Tieropfer, Prozessionen, Musik und Tanz sollten die Schutzgötter gestärkt werden, im Opfermahl verbanden sich die Feiernden miteinander. Es wurden Sündenböcke (*pharmakoi*) geopfert, um Menschen von Schuld zu befreien. Auch im Blutritual nahmen die Feiernden die göttlichen Kraft in sich auf. Die Götter und Göttinnen wurden von den Menschen angerufen, Priester und Priesterinnen unterstützten die Bitten. Am heiligen Ort wurden Götterbilder berührt oder geküsst, die Kultsänger (Rhapsoden) sangen das Lob der Schutzgötter. Auf diese Weise entstanden die heiligen Erzählungen (*mythoi*), die zuerst mündlich weitergegeben und später aufgeschrieben wurden. Bei den Kultfeiern der Krieger gab es Waffentänze, um im Krieg unbesiegbar zu werden.[80]

---

79 H. Schwabl, Griechische und römische Religion. In: J. Figl (Hrsg.), Handbuch der Religionswissenschaft, S. 180-189. W. Burkert, Kulte des Altertums. München 1998, S. 43-48.

80 W. Burkert, Griechische Religion in der archaischen klassischen Periode. Stuttgart 1987, S. 98-112.

Geheimkulte waren zuerst nur den Eingeweihten zugänglich, doch in der hellenistischen Zeit verbreiteten sich diese Mysterienkulte. Die Mysten wollten ein gutes Schicksal für ihre Seele (*psyche*) nach dem Tod des Körpers erreichen. Fortan erzählten die Mythensänger, dass die Seelen der meisten Menschen in das Ahnenland (Hades) kommen, nur die Seelen der Krieger, der Fürsten und der Weisen steigen in die göttliche Welt auf. In den Kulten wollten die Feiernden den Göttern nahekommen und sich von moralischer Schuld reinigen. Das Göttliche kam den Menschen näher, denn es wurde von göttlichen Menschen (*theios aner*) erzählt, die aus der göttlichen Welt zur Erde kamen. Das Volk verehrte viele Götter, doch die Philosophen lehrten schon früh, dass hinter den vielen Göttern nur eine einzige Gottheit verborgen sei.[81]

In vielen Kulten tanzten sich die Feiernden in Ekstase, sie erlebten die sinnliche Berauschung (*mania*). Die Seher warfen die Lose und erkannten im Vogelflug den Willen der Götter, von ihnen erhielten sie Offenbarungen (*apokalypsis*). Andere heilige Personen befragten die Seelen der Toten (*nekromatia*), im Heilschlaf wurden Krankheiten geheilt. Die Kultsänger (Rhapsoden) fassten in späterer Zeit lokale Schutzgötter zu Göttersippen zusammen (Homer und Hesiod). Für sie war Zeus ein Gott der Krieger, ein früher Wettergott, später ein Gott aller Griechen. Poseidonios war ein Schutzgott der Seefahrer, der Fischer, der Meere, Artemis wurde von den Jägern angerufen, sie war die Herrin der Wildtiere. Apollo wurde in der Sonne gesehen, er war der Beschützer der Weisheit und der Wissenschaft. Aphrodite schützte die erotische Liebe beider Geschlechter, den Frauen schenkte sie die Fruchtbarkeit. Hermes war ein Bote zwischen den Göttern und den Menschen. Die Welt der Griechen war voll von göttlichen und dämonischen Wesen und Gestalten.[82]

Bei der Verabschiedung der Toten wurden die Todesmythen erzählt oder gesungen, die Seelenkraft der Verstorbenen wurde in das Land der Ahnen geleitet. Nur einige Krieger und Fürsten kamen nach ihrem Tod in die göttliche Welt. Nach der Lehre der Orphiker und der Pythagoräer war die Menschenseele im Körper gefangen. Sobald sie von allen Sünden gereinigt sei, komme sie wieder in die göttliche Welt. Das ganze Jahr wurde durch Opferfeste strukturiert, es gab das kultische Weintrinken und Gast-

81 W. Burkert, Kulte des Altertums, S. 65-82.

82 W. Burkert, Wilder Ursprung. München 1992, S. 87-102.

mähler für die Ahnenseelen. Gefürchtet wurden die Rachegeister, welche vor allem die Eidbrecher verfolgten.[83]

Die Kultsänger erzählten von der Unterwelt (Hades), ein Sänger Orpheus habe mit seinen Gesängen zur Lyra in das Land der Toten eindringen können. Plato erzählte einen Mythos von der göttlichen Welterschaffung, ein göttlicher Baumeister (*demiourgos*) habe diese Welt nach den ewigen Ideen geschaffen (Timaios). In den Mysterien suchten die Menschen ein gutes Schicksal nach dem Tod und die Unsterblichkeit (*athanasia*). An den Kultorten wurde die heilige Hochzeit (*hieros gamos*) gefeiert, um die Felder, die Viehherden und die Menschensippen fruchtbar zu machen. Das Ziel des Lebens war die geistige und moralische Vollendung (*telete*), das Erleben der Seligkeit (*eudaimonia*), der Blick auf die Insel der Seligen (Elysion). Auch viele Philosophen lehrten, die menschliche Seele werde nach der Befreiung von Schuld in die göttliche Welt kommen.[84]

In vielen Mythen war von der Erlösung (*soteria*) der Menschen von Schuld und von Leiden die Rede. Götter konnten als Menschen geboren werden, Menschen konnten in die göttliche Welt gelangen. Erstrebt wurde die göttliche Weisheit (*sophia*), welche die Welt lenkte. Die Philosophen wollten Wissen erwerben, um den Kosmos zu verstehen. Einige Philosophen (Epikuräer) wollten jedoch den Menschen die Angst vor den strafenden Göttern nehmen. Nach ihrer Lehre griffen die Götter gar nicht in die Menschenwelt ein. In der Philosophie erkennen wir den langsamen Übergang von der mythischen zur rationalen Weltdeutung.[85]

Religion und Mythologie der Römer waren stark von der Kultur der Ackerbauern geprägt, auch Hirtennomaden spielten darin eine Rolle. Die Menschen hatten tiefe Ehrfurcht vor den unsichtbaren Kräften (*numina*) der Natur, vor ihnen erlebten sie Angst und Zittern. Sie verehrten die göttlichen Kräfte an Quellen und Flüssen, auf Bergkuppen und in Höhlen. Die frühen Kultorte (*fanum*) wurden durch Steinkreise von den allgemein zugänglichen Orten (*profanum*) abgetrennt, dort wurden die Riten für die Ahnenseelen und die Schutzgötter ausgeführt. Auch für die Römer waren die Götter (*Dei*) die größeren, die stärkeren und die lichtvollen Wesen. Die Priester (*flamen*) leiteten die Riten, sie vermittelten den Kriegern die Kampfkraft und die Siege. Für das Zusammenleben der Menschen galten die göttlichen Gesetze (*ius divinum*), die Glaubenden waren den Schutzgöt-

83 W. Burkert, Kulte des Altertums, S. 128-144.

84 H. Schwabl, Griechische und römische Religion, S. 182-197.

85 W. Burkert, Kulte des Altertums, S. 67-88.

tern in Frömmigkeit (*pietas*) zugetan. Die Befolgung der göttlichen Gebote hatte für die Menschen eine Zeit des Friedens (*pax deorum*) zur Folge.[86]

Der Friede der Götter war die Voraussetzung für das Glück der Menschen. Beim Ritual des Versprechens (*votum*) wurden die Götter als Zeugen gerufen, und bei den vielen Prozessionen (*lustratio*) wurden sie um Schutz für die Feldfrüchte gebeten. Beim Ritual der Weissagung (*divinatio*) wurden göttliche Botschaften und Offenbarungen empfangen, die Auguren erkundeten den göttlichen Willen. Später wurden an den heiligen Orten große Bauwerke aus Stein (*templum*) erbaut, um dort die Götter zu verehren.[87]

An allen Orten gab es die unsichtbaren Geistwesen (*genii*), die gut oder böse sein konnten. Am Herdfeuer wurde die Schutzgöttin der Sippen angerufen, an den Wegkreuzungen wurden die Flurgötter (*lares*) verehrt. Jupiter war ein starker Führer und Schützer der Krieger, er gab ihnen die Siege. Juno war die Beschützerin der Frauen und der patriarchalen Ehe, sie schützte die Gebärenden. Minerva begleitete die Handwerker und die frühen Stadtbewohner. Mit Jupiter und Juno zusammen bildete sie die höchste Götterdreiheit (*trinitas*) des römischen Imperiums. Alle Gottheiten hatten ihre besonderen Kultfeste.[88]

Zu den großen Kriegsgöttern gehörte Mars, nach ihm wurde der erste Monat des Fruchtjahres benannt. Faunus war ein alter Schutzgott der Hirten, der Viehweiden, der Wälder und der Äcker, Neptunus wurde an den Quellen, Flüssen und im Meer verehrt. Saturnius war ein mächtiger Schutzgott der Bauern, sein Kultfest (Saturnalia) wurde zur Wintersonnenwende gefeiert. Die Schmiede riefen den alten Feuergott Vulcanus an, und alle Liebenden wussten sich bei der Göttin Venus geschützt. Die gute Göttin (Bona dea) schenkte den Bauern die Früchte der Felder und die Heilkräuter. Diana war im Mond zu sehen und wurde von den Frauen und von den Jägern angerufen. Concordia stiftete den Frieden und die Versöhnung zwischen den Sippen, Flora schenkte die Blumen des Frühlings, und Fortuna gab den Kriegern die Siege über die Feinde. Die Parzen hatten die Aufgabe, den neugeborenen Kindern ein gutes Schicksal zu bestimmen.[89]

Die Penates schützten die Sippen und ihre Vorratskammern, die Göttin Vestis war im Herdfeuer zu sehen. Proserpina empfing die Seelen der Toten im Land der Ahnen. Die große Göttin Victoria schenkte den Kriegern die

86 H. Schwabl, Griechische und römische Religion, S. 182-196.
87 K. Latte, Römische Religionsgeschichte. München 1978, S. 128-143.
88 H. Gottschalk, Lexikon der Mythologie. München 1996, S. 290-297.
89 Ebenda, S. 281-297.

Siege und bestimmte dem Staat ein gutes Schicksal. So fühlten sich die Menschen von ihren Göttern geschützt und begleitet, damit konnten sie fast jedes Schicksal bestehen. Auch die römischen Philosophen (Stoiker, Kyniker) lehrten, dass hinter den vielen Göttern des Volkes nur ein einziger Weltgott existiere und die Menschen leite. Sie sprachen bereits von der höchsten Gottheit (*deitas*), welche die Menschen in vielen Bildern und Symbolen verehrten. Die Seelen der Imperatoren konnten nach dem Tod in die göttliche Welt eingehen (*consecratio*).[90]

Wir erkennen auch hier die vielen Funktionen des religiösen Glaubens für das Leben der Menschen. Diese wussten sich bei höheren Mächten geschützt und geborgen (Sedativum), von ihnen empfingen sie durch die Priester und Mantiker die göttlichen Gebote und Gesetze. Im Bezug auf die Gottheit erlebten sie starke Lebenskraft sowie die Hoffnung auf ein gelingendes Leben. Sie wollten Krankheit und Verletzungen überwinden und sich von moralischer Schuld reinigen. Daher war im römischen Imperium die Frömmigkeit der Menschen die Voraussetzung für ein gutes Zusammenleben. Große Teile der römischen Religion lebten später im Christentum weiter.[91]

Alteuropäische Religionen

Die *Kelten* (griech. *keltoi*) hatten ihre Kultplätze unter freiem Himmel, sie waren mit Steinkreisen umgeben. Dort wurden die Schutzgötter der Sippen und der Stämme um Hilfe angerufen, ihnen wurden Menschenopfer und Tieropfer gebracht. In den Opfergruben finden sich Knochen der Opfer, in den Grabhügeln lagern Tongefäße, Dolche und Beile aus Eisen, Lanzen und symbolische Wagen. Die Kelten lebten zuerst als Hirtennomaden, später als sesshafte Ackerbauern.[92]

Sie hatten bereits eine soziale Schichtung, nämlich Krieger, freie Arbeiter und Sklaven. Die Stämme wurden von einem Kriegerkönig angeführt, sie bauten frühzeitig befestigte Siedlungen. Ihre Götter waren unsichtbare Wesen, die in Menschengestalt auftreten konnten, sie hielten die Sippen

90 K. Latte, Römische Religionsgeschichte, S. 145-168.
91 G. Alfödy, Römische Sozialgeschichte. Wiesbaden 1984, S. 111-129. K. Latte, Römische Religionsgeschichte, S. 166-183.
92 W. Birkhan, Die Kelten. Wien 1997, S. 66-87.

und die Stämme zusammen. An die 400 Götternamen sind uns bis heute bekannt geworden. Taranis war ein Herrscher des Himmels, Teutates hielt die Stämme zusammen, Esus zog den Kriegern in den Kampf voran, Epona schützte die Kriegspferde vor Verletzungen, Morrigan wurde als Königin der Götter angerufen. Lug spendete den Bauern die Fruchtbarkeit der Felder, Cerunnos war ein Anführer der Jäger, Sequana beschützte die Wasserläufe und die Quellen. Die Riten wurden von den Priestern und Weisen (Druiden) geleitet, den Göttern wurden Tiere und Menschen geopfert.[93]

Nach der Lehre der Priester kamen die Seelen der geopferten Menschen nach dem Tod ins Land der Götter, der Opferkessel wurde als „Kessel der Wiedergeburt“ beschrieben. Die Druiden hatten die Rollen der Schamanen geerbt, sie sagten die Zukunft voraus und erkundeten den Willen der Götter. Die großen Festzeiten waren um den 1. Februar (Geburt der Sonne), um den 1. Mai (Austreiben der Lämmer auf die Weiden), um den 1. August (Ernte des Getreides) und um den 1. November (Gedenken an die Ahnenseelen). Die Priester und Priesterinnen hüteten das heilige Wissen und die Regeln des guten Zusammenlebens. Sie lehrten, dass die Seelen der Verstorbenen im Land der Ahnen weiterleben, die Seelen der Krieger aber in der göttlichen Welt. Druiden führten die Krieger an, sie gaben ihren Waffen magische Kraft.[94]

Der Gott Lug schützte die Fruchtbarkeit der Haustiere und der Felder, er begleitete die Händler und die Reisenden, seine Bilder waren aus Stein oder aus Holz gefertigt. Der Gott Dagda wurde in der Sonne gesehen, er war der Lenker des Himmels, der Sterne, der Gewitter und der Beherrscher der Meere. Den Menschen schenkte er Speisen im Überfluss, auch er stand den Kriegern zur Seite. Mit seiner magischen Steinkeule konnte er Menschen töten und wieder zum Leben aufwecken. Im Land der Ahnen schenkte er den Seelen ewige Jugend und Schönheit. Der Gott Ogmios hatte die Funktion eines Richters und Rächers von Unrecht, er zog gefangene Sklaven hinter sich her. Er hatte ein freundliches und ein hässliches Gesicht, den Bauern schenkte er reiche Ernten.[95]

Der Gott Mac Og brachte den Menschen die Gesundheit und die Heilung von Krankheit, die gefallenen Krieger führte er in ein „Land der Seligen“, dort gab er ihnen neues Leben. Dargestellt wurde er als schneller Reiter, der den Kriegern voranzog. Die Frauen riefen die Göttin Brigid um

93 M. Green, Die Druiden. München 2001, S. 89-101.
94 M. Green, Die Welt der keltischen Magie. München 1998, S. 44-62.
95 H. Gottschalk, Lexikon der Mythologie, S. 317-123.

Hilfe an, denn sie half ihnen bei den Geburten und schenkte viele Kinder. Sie wurde auch von den Heilern und den Schmieden angerufen, die Hirschkuh war ihr heiliges Tier. Die Göttin Dana wurde in Irland als die „Urmutter“ aller Götter und Menschen verehrt, sie hieß die „große Königin“ und half den Kriegern. Epona stand in Gallien den Kriegspferden zur Seite, und Eriu schützte die Insel der Iren (Eriu-Land). Esus war in Gallien ein Schutzgott der Wälder, er lebte unter guten und bösen Naturgeistern. Die Seelen der gefallenen Krieger kamen in ein leuchtendes Land (Mag Mell).[96]

Die Göttin Morrigan half den Iren im Kampf gegen alle Feinde, sie hatte den magischen Blick, mit dem sie Böses abwehren konnte. Die Druiden und die Mantiker erkundeten die Ereignisse der Zukunft und den Willen der Götter. Das Land der Ahnen lag für die Kelten in Irland auf dem Meer im Westen der Insel, dort gab es Nahrung im Überfluss und ständig Blumen und Blüten. Angst hatten die Menschen vor bösen Dämonen, die sie mit verschiedenen Riten abwehren und vertreiben wollten. Die keltische Mythologie lebt heute in den Märchen, aber auch in einigen christlichen Lehren weiter.[97]

Die Religionen der germanischen Stämme und Völker kennen wir bereits aus historischen Zeugnissen. In allen ihren Sprachen sind die „Götter“ die anrufbaren Geistwesen (*guda*, *göd*, *god*, *got*, Gott), die den Menschen in Notlagen helfen können. In den Riten ging es darum, böse Geistwesen abzuwehren und gute Schutzgötter herbeizurufen. Durch die Opfer wurden die Schutzgötter der Bauern, der Hirten, der Jäger, der Handwerker gestärkt. Einige Mythen erzählen, die Welt sei aus der Vermischung von Eis und von Feuer entstanden. Die Welt sei in drei Bereiche eingeteilt, in einen Ort der Götter (Asgard), einen Bereich der Menschen (Midgard) und einen Bereich der Riesen (Utgard). Die Götter wurden in zwei großen Stämmen gesehen, den Vanen und den Asen. Auch hier konnten die Schamanen die Verbindung mit der Welt der Götter aufnehmen.[98]

Ein großer Weltbaum (Yggdrasil) halte die ganze Welt zusammen, er stehe im Land der Asen, seine Wurzeln reichten in die Welt der Schick-

96 W. Birkhan, Die Kelten, S. 128-144.

97 M. Hope, Magie und Mythologie der Kelten. Düsseldorf 1990, S. 66-83.

98 H. Beck (Hrsg.), Germanische Religionsgeschichte. Berlin 1992, S. 137-149. O. Holzapfel, Die Germanen. Mythos und Wirklichkeit. Freiburg 2001, S. 98-123.

salsmächte (Nornen). Auch hier lebten die Seelen (*sjael*) der Toten im Ahnenland weiter, das von der Göttin Hel geleitet wurde. Unter dem großen Weltbaum halten die Götter ihre Gerichtsversammlungen ab, genauso wie es die Menschen taten. Die Seelen der im Kampf gefallenen Krieger aber kamen in ein göttliches Schloss (Fensal), wo sie von den Göttern bewirtet wurden. Bei ihren Kultfesten wollten sich die Feiernden mit den Ahnenseelen und mit den Schutzgöttern verbinden. Besondere Festzeiten waren die Sonnenwenden und die Vollmondnächte.[99]

Die Mantikerinnen (*seidkona*) leiteten das Seid-Ritual, dabei sangen sie magische Lieder und erkundeten in der Ekstase den Willen der Götter. Der oberste Krieger (*kunig*) wurde als Abkömmling der Götter gesehen, er musste für die Menschen das Glück und den Frieden (*heil*) sichern. Die Krieger wurden vom Gott Odin angeführt und geleitet. Die Priester hießen die großen Anrufer (*gudje*) oder die Vertreiber der Dämonen (*haruguari*) oder die Opferer (*blotere*). In der Frühzeit wurden die Phänomene der Natur als göttliche Wesen gesehen, später bekamen die Götter menschliche Gestalten und Funktionen. Erzählt wird vom Gott Wotan (Odin), der zuerst das Land des Feuers (Muspelheim) und dann das Land des Nebels (Niflheim) erschuf. Er galt in den ältesten Mythen als der wütende Gott, der im Sturm über den Himmel fuhr.[100]

Baldur war ein Gott des Lichtes, er schenkte den Menschen die Schönheit des Körpers und die Reinheit der Seele. Die Göttin Freya beschützte alle Liebespaare, sie gab den Frauen viele Kinder. Sie brachte die gefallenen Krieger in ihr Schloss Folkwang. Als „Königin des Himmels" wurde die Göttin Frigg angerufen, sie herrschte über die Göttersippe der Asen. Sie beschützte die Ehen und leitete die Frauen bei der Erfüllung ihrer ehelichen Pflichten an; sie kannte alle Geheimnisse der Zukunft. Auch der Gott Freyr brachte den Bauern die Fruchtbarkeit der Felder und reiche Ernten. Der Gott Heimdall wachte am Tag und in der Nacht auf der Himmelsbrücke, um böse Feinde von den Göttern abzuwehren. Seine Gestalt verwandeln konnte der Gott Loki, er kannte alle Geheimnisse der Götter. Der Gott Njörd half den Seefahrern auf dem Meer, er zeigte ihnen die guten Fisch-

99 J. Ejersfeldt, Germanische Religion. In: C. Cople (Hrsg.), Handbuch der Religionsgeschichte I. Göttingen 1971, S. 227-243.

100 A. von Ströhm / H. Biezais, Germanische und Baltische Religion. Stuttgart 1975, S. 128-144. H. Gottschalk, Lexikon der Mythologie, S. 362-380.

gründe. Auch der Gott Thor schützte die Götter und die Menschen vor den Angriffen der bösen Dämonen.[101]

Viele Mythen erzählen von den Riesen und den Zwergen, von den Elfen und anderen unsichtbaren Wesen und Kräften. Auch bei den Germanen spiegeln die Götter die Lebenswelt und die Kulturstufen der Menschen. Durch den Bezug zu den Schutzgöttern erleben die Menschen Geborgenheit in ihrer Welt und ein Grundvertrauen in die Zukunft. Sie wissen sich von guten Mächten geleitet, um in einer gefährlichen und bedrohlichen Welt überleben zu können.[102]

Die Religion und Mythologie der Slawen kennen wir aus den schriftlichen Quellen aus der Zeit der Christianisierung. In der Frühzeit wurden die Naturkräfte Sonne, Mond, Gestirne, Feuer, Wind, Sturm, Blitz und Donner als göttliche Kräfte verehrt. Später glaubten die Menschen an göttliche Wesen, die ihnen in der Gestalt ähnlich waren, die Kultorte lagen an Quellen, Flüssen und Seen oder auf Bergkuppen. Auch diese Stämme hatten einen engen Bezug zu den Seelen ihrer Vorfahren, die im Land der Ahnen weiterlebten. Die dritte imaginäre Bezugsgruppe der Menschen waren gute und böse Dämonen und Geistwesen.[103]

Die gewaltsam getöteten Mädchen wirkten als Wassernymphen (*rusalka*) weiter. Oder ein „Wassermann" zog häufig die Fischer in die Teiche und Flüsse, wo sie ertranken. Die Sturmgeister (*vilen*) bedrohten die Kornfelder und die Ernten, aber auch die Häuser der Menschen. Die Seelen der Ahnen wurden als „Väterchen" oder als „Mütterchen" angerufen, sie sollten ihre Nachfahren vor Krankheiten beschützen. Doch die Seelen der Verbrecher konnten nicht zur Ruhe kommen, sie kamen als „Wiedergänger" zu den Häusern zurück. In den Wäldern beschützten Geistwesen die wilden Tiere, ihnen brachten die Jäger kleine Opfergaben. Die Schutzgeister der Häuser (*domovoi*) sorgten für die Bewohner und die Vorratskammern, sie konnten auch Krankheiten heilen. Durch viele Riten mussten böse Dämonen von den Sippen abgewehrt werden.[104]

Der Gott Borovit war ein Beschützer der Wildtiere und der Wölfe, die Hirten baten ihn, ihre Herden zu verschonen. Nach der Geburt eines Kindes erschienen am Bett der Gebärenden die Schicksalsgeister (*sudenica*), sie

101 H. Gottschalk, Lexikon der Mythologie, S. 366-389.
102 T. Malcolm, Die Germanen. München 2000, S. 67-83.
103 N. Reiter, Mythologie der alten Slawen. Stuttgart 1974, S. 77-92.
104 K.H. Meyer, Die slawische Religion. München 1977, S. 119-134.

bestimmten den Lebenslauf des Neugeborenen. Jarovit wurde in Pommern als Feuergeist und als Schützer der Krieger angerufen. Eine „Mittagsfrau" hielt sich in den Kornfeldern auf, sie ließ den Bauern Trugbilder erscheinen. Böse Geistwesen (*mura*) verfolgten die Schlafende und saugten ihnen das Blut aus den Adern. Die Göttin Mokosch beschützte die Frauen bei der Geburt, sie wurde aber auch von den Spinnerinnen angerufen. Der Gott Pervan stand den Kriegern zur Seite, er hieß der große „Schläger" und zog den Kriegsheeren voran. Auch Svantevit half den Kriegern in den Schlachten, sein Tempel stand auf Kap Arcona in Rügen. Der Gott Triglav hatte drei Köpfe, damit konnte er in drei Himmelsrichtungen schauen. Die Hirten riefen den Gott Volos zum Schutz ihrer Herden an. Die Sturmgeister (*vilen*) erschienen den Menschen in der Gestalt von Vögeln, zumeist von Falken und Schwänen. In der Nacht stahlen sie oft die Kinder aus den Betten, oder sie brachten den frühen Tod in die Häuser. Aber sie konnten auch geschlagene Wunden heilen.[105]

Die göttlichen Wesen der Balten hießen Deivas, sie erschienen den Menschen an den großen Kultplätzen. Die Mythologie wird stark von den Ackerbauern geprägt, denn der große Schutzgott Dievs lebte wie ein Großbauer auf einem himmlischen Bauernhof, seine göttlichen Söhne halfen ihm bei der Arbeit auf den Kornfeldern. Den Bauern auf der Erde half der Gott unsichtbar bei der Aussaat, bei der Ernte und beim Dreschen des Getreides. Die Göttersöhne gingen auf die Jagd, sie bauten ein Haus und reinigten die himmlischen Badestuben. Der Götterhimmel war also ein großes Bauerndorf.[106]

Die Himmelsgöttin Saule wurde von den Menschen in der Sonne gesehen, mit ihrem großen Wagen fuhr sie über das Himmelszelt. Ihre männlichen Liebespartner wählte sie frei aus, den Menschen schenkte sie die Fruchtbarkeit der Felder. Bei der Hochzeit ihrer Töchter und der Menschentöchter fungierte sie als Brautführerin. Als sie von bösen Dämonen in einen Turm gesperrt wurde, war es auf der Erde finster, doch den Sternen gelang es, die Göttin wieder zu befreien. Die Letten riefen in Notsituationen an die sechzig göttliche Mütter (*Mates*) an, bei der Geburt der Kinder, bei der Aussaat, beim Fischfang, vor dem Einschlafen. Einige Götter brachten zu den Menschen aber auch die Krankheiten und den frühen Tod.[107]

105 H. Gottschalk, Lexikon der Mythologie, S. 452-467.
106 A. von Ströhm / H. Biezais, Germanische und Baltische Religion, S. 313-331.
107 Ebenda, S. 329-345.

Allgemein verehrt wurden die unsichtbaren Hausgeister (*Aitvaras*), die den Bauern bei ihren Arbeiten halfen. Die Todesgöttin Giltine kündete in den Häusern den alten Menschen den Tod an, der Gott Jumis bewachte die Kornspeicher, die Göttin Laime bestimmte für jedes neugeborene Kind das Lebensschicksal. Sie half den Frauen bei den Geburten und schützte die Badenden in den Badestuben vor dem plötzlichen Tod. Die Göttin Laume half den Waisenkindern und webte für sie Stoffe und Kleider; aber wenn sie beleidigt wurde, raubte sie die neugeborenen Kinder. Der Mondgott Menes schützte die Liebespaare, aber er zog auch den Kriegern im Kampf voran. Der Donnergott Perkunas brachte den Menschen die Gesetze und bestrafte die Übeltäter. Das Roggenweib (Rugiabole) schenkte den Bauern die reichen Ernten der Kornfelder. Und die göttliche Totenmutter Velu mate brachte die Seelen der Toten in das Land der Ahnen, wo sie ihnen ein reiches Mahl bereitete.[108]

Die Finnen, Ungarn und Esten (Finn-Ugrier) gehören nicht zur indo-europäischen Sprachengruppe, sie sind mit den uralischen Völkern verwandt. Ihre Mythologie speichert die Lebenswelt der Jäger und Sammler, der Viehzüchter und der Ackerbauern. Allgemein verbreitet war auch hier die Verehrung der Ahnen bis in die zweite oder dritte Generation. Dieses Land der Vorfahren (Tuomi) ist von der Menschenwelt getrennt, dort leben die Ahnen in glücklichem Zustand. Sie können den Menschen als Geistwesen und als Gespenster erscheinen, sie werden oftmals um Rat gefragt und zu Kultmählern eingeladen. Die Schamanen verabschiedeten die Toten und begleiteten sie mit Gesängen ins Land der Vorfahren. Beim Ritual der Totenklage mussten böse Dämonen abgewehrt werden.[109]

Zwar ist dieses Ahnenland dunkel, doch es fließen kleine Bäche mit Milch und Honig, es gibt genug an Nahrung. Aber die Seelen der Toten werden von den Göttern bereits mit einer Waage gewogen, die guten Taten wiegen zumeist schwerer als die bösen Handlungen. Doch die Seelen der Selbstmörder und der zum Tod Verurteilten müssen lange Zeit in der Menschenwelt umherirren, bis sie ihre Ruhe finden. Besonders verehrt wurden nach dem Tod die Häuptlinge der Sippen und die Anführer der Krieger, sie wurden um Schutz und Hilfe angerufen. Jägerstämme verehrten Totemstiere, die sie nicht jagten, oder sie führten Riten des Bärenkultes aus. Die Opferplätze (*Lud*) wurden von den Göttern bewacht, dort gab es für Kranke

108 H. Gottschalk, Lexikon der Mythologie, S. 428-436.

109 L. Honko, Finnische Mythologie. Stuttgart 1975, S. 66-81.

auch den Heilschlaf, in dem sie Heilung erfahren konnten. Die Ackerbauern verehrten die Erdgeister, von denen sie reiche Ernten erbaten. Hoch geschätzt war die göttliche „Erdmutter", sie brachte den Feldern den Regen und dem Vieh reichlich Gras und Futter.[110]

Doch die Menschen hatten Angst vor bösen Geistwesen und vor Dämonen des Todes, sie mussten von den Schamanen abgewehrt werden. Diese Personen hatten auch die Aufgabe, die Krankheiten zu heilen und den Willen der Götter und der Ahnenseelen zu erkunden. Durch ekstatische Tänze konnten sie in die Welt der Götter und der Ahnen reisen und den Menschen göttliche Botschaften vermitteln. Auch hier erkennen wir viele verschiedene Funktion der Mythen und der Riten für das Leben der Menschen.[111]

Die Jüdische Religion

Diese Religion kennen wir gut aus den heiligen Büchern (Tora, Ketubim), der sogenannten Bibel. Darin finden sich die Weltdeutungen der Priester, der Schreiber, der Propheten, der Weisheitslehrer und der Rechtsgelehrten. Die jüdische Kultur und Religion enstand aus dem Zusammenschluss mehrerer Stämme von Hirtennomaden, die später zu sesshaften Ackerbauern wurden. Die Religion dieser Stämme war in der Frühzeit polytheistisch, denn es wurden vom Volk viele Götter und Göttinnen für alle Bereiche des Lebens verehrt. In den heiligen Texten bekommen wir Einblick in die soziale Schichtung und die Formen der Kultur und des Lebens.[112]

Deutlich erkennbar sind die Spuren einer frühen Naturreligion, denn Blitz und Donner, der Sturm, das Feuer, die Sonne und die Gestirne wurden als göttliche Wesen verehrt und gefürchtet. Später wurde aus dieser Glaubensform eine Religion der vielen menschenähnlichen Götter, zuletzt aber eines einzigen männlichen Gottes. In den frühen Mythen erkennen wir noch die Dominanz von Stammmüttern, die später von den Stammvätern verdrängt wurden. So ist die jüdische Bibel auch das Buch, das weltweit am deutlichsten den Prozess der Patriachalisierung einer frühen Religion

110 H. Gottschalk, Lexikon der Mythologie, S. 475-485 und S. 506-514.

111 M. Eisen, Estnische Mythologie. Leipzig 1935, S. 56-72. L. Honko, Finnische Mythologie, S. 120-134.

112 G. Stemberger, Einführung in die Judaistik. München 2002, S. 34-45.

beschreibt und darstellt. Am Ende dieses Prozesses durfte nur mehr Jahwe / El, der Schutzgott der Krieger, öffentlich verehrt werden.[113]

In der Frühzeit hatten die Hirtennomaden und die Ackerbauern viele Kultzentren, meist auf Bergkuppen, dort wurden die Schutzgötter der Viehherden und der Felder angerufen. Die Schutzgötter der Herden wurden mit den Bildern der Stiere (goldenes Kalb) und der Widder dargestellt, bis dies von den Jahwe-Priestern verboten wurde. Es wird vom Tanz um das goldene Kalb berichtet, bei dem die Hirten die Lebenskraft ihrer Herdentiere stärken wollten. Der Gott Jahwe war zuerst beim Stamm der Medianiter ein Schutzgott der Viehherden und ein Gott der Gewitter.[114]

Die Ackerbauern verehrten die Schutzgötter der Fruchtbarkeit der Felder, der Obstgärten und Weinberge, El und Aschera wurden als göttliches Paar angerufen. Wenn dieses Götterpaar die Hochzeit feierte, strömte auf der Erde der Regen und die Felder begannen zu grünen. Die frühen Ackerbauern feierten daher die „heilige Hochzeit“ auf ihren Kultplätzen und auch auf den Feldern, um die Ernteerträge zu steigern. Die Bilder dieser Schutzgötter aus Stein und aus Holz wurden an den heiligen Orten aufgestellt, später wurden sie von den Jahwe-Priestern zerstört. Diese erlaubten dann nicht mehr, vom alleinigen Schutzgott Jahwe / El Bilder zu machen, um diesen Got nicht zu Handlungen zwingen zu können, die er nicht ausführen wollte (Bildmagie).[115]

Die Namen der frühen Götter waren El, Aschera, Elohim, Adonai, Jahwe. Später wurde Jahwe mit El vereinigt und von den Priestern und Kriegern zum alleinigen Bundesgott erhoben. El war ein alter Schutzgott der Felder und der Obstgärten, bei den Kanaanäern und bei den Israeliten. Das neue Kultzentrum für El und Jahwe wurde in der kleinen Stadt Jerusalem eingerichtet, auf dem Berg Zion. Die Krieger und die Priester kämpften mehrere Jahrhunderte, um diesen einzigen Kult durchzusetzen und die anderen Kultorte im Land zu zerstören. Doch die Bauern und die Hirten blieben weiterhin bei der Verehrung ihrer alten Schutzgötter.[116]

Die Durchsetzung der Jahwe / El-Religion war mit militärischer Gewalt verbunden, vor allem unter den beiden Königen Hiskija und Joshija im 8. und 7. vorchristlichen Jahrhundert. Die Krieger zerstörten die alten

113 E. Zenger, Einleitung in das Alte Testament. Stuttgart 1995, S. 21-33.

114 B. Lang, Jahwe der biblische Gott. München 2002, S. 13-26.

115 J. Finkelstein / N. Silberman, Keine Posaunen vor Jericho. Die archäologische Wahrheit über die Bibel. München 2002, S. 37-57.

116 B. Lang, Jahwe der biblische Gott, S. 65-84.

Kultbilder, die Kultdiener wurden mit Gewalt nach Jerusalem gebracht. In dieser Zeit war die Allein-Jahwe-Bewegung entstanden, die vor allem von den Kriegern und den Priestern getragen wurde. Jahwe war fortan nur mehr der Schutzgott der Krieger, er brauchte im Krieg keine Ehefrau, daher wurde seine bisherige Frau Ashera dämonisiert. Ihre Statuen wurden von den Archäologen aber noch im 20. Jahrhundert ausgegraben. Daher war das männliche Gottesbild fortan extrem kriegerisch, das Weibliche wurde aus dem Bereich des Göttlichen ausgeschlossen.[117]

Für die Krieger und Priester war nun der Gott Jahwe / El zum „Bundesgott" für das ganze Volk geworden. Alle Stämme sollten fortan nur mehr diesen Gott anrufen und verehren, die bisherigen Götter wurden dämonisiert und zu verbotenen „Götzen" und „Nichtsen" degradiert. Von diesem Bundesgott durften keine Bilder hergestellt werden (Bilderverbot), um seine Autonomie nicht zu gefährden. Die Priester, Krieger und Schreiber verkündeten fortan die Gesetze und Moralregeln des Bundesgottes, welche sie durch besondere „Offenbarungen" von ihm empfangen hatten.[118]

Die Grundlehre der Jahwepriester lautete: Wenn die Israeliten die Gebote und Satzungen Jahwes (d. h. der Priester) einhielten, dann sind sie von ihrem Bundesgott vor Feinden geschützt. Wenn sie aber gegen diese Gebote und Satzungen verstießen, dann werden sie von Jahwe hart bestraft. Diese monologe Geschichtsdeutung durchzieht die gesamte jüdische Bibel. Am Tempel zu Jerusalem konnten die Menschen die Vergebung ihrer Sünden und moralischen Verfehlungen erlangen. Denn immer wenn fremde Völker über das Volk Israels siegten, war dies nach der Lehre der Priester die göttliche Strafe für die vielen Sünden des Volkes.[119]

In der Folgezeit entwickelten sich zwei komplementäre Gottesbilder. Für die Krieger, Priester und die besitzende Oberschicht war Jahwe der siegreiche Heerführer, der allwissende Lenker der Menschen. Doch für die Bauern, die Hirten, die Handwerker, die Händler und die Unfreien war Gott vor allem der Spender der Gerechtigkeit, der Helfer der Armen, der Beschützer der Notleidenden. Damit konnte sich in der jüdischen Kultur

117 K.H. Ohlig, Religion in der Geschichte der Menschheit. Darmstadt 2002, S. 197-203.

118 E. Zenger, Einleitung in das Alte Testament, S. 136-144. J. Assmann, Die Mosaische Unterscheidung. München 2002, S. 49-62.

119 J. Assmann, Die Mosaische Unterscheidung, S. 71-88. H. Küng, Das Judentum. München 1996, S. 98-121.

eine starke Solidarität der Nächstenhilfe entfalten. Die Reicheren hatten die Aufgabe, den Ärmeren in Notlagen zu helfen (jüdische Binnenethik).[120]

Genau besehen bildeten sich zwei komplementäre Religionsformen heraus, die in der hellenistischen Zeit deutlich verstärkt wurden. Denn nun kamen auch Lehren der griechischen Philosophie (Stoiker, Kyniker) in die jüdische Lebenswelt, was in den späten Büchern der Weisheit der Bibel deutlich wird. Dieser Lernprozess verstärkte sich dann in der römischen Zeit, bis religiöse Fanatiker der jüdischen Kultur ein Ende bereiteten (Jüdische Kriege gegen Rom).[121] Nun sollen die verschiedenen Funktionen der jüdischen Religion näher dargestellt werden.

Religion als Sedativum

Die jüdischen Gläubigen fühlten sich bei ihrem Schutzgott geborgen, zuerst bei den Göttern der Natur, später beim Bundesgott Jahwe. Sie machten regelmäßig Wallfahrten zu den heiligen Orten, um das Vertrauen in den Bundesgott zu festigen. Am Tempel lernten sie die Regeln des guten Zusammenlebens und die Gesetze für das richtige Verhalten. Sie bekannten ihre Sünden vor den Priestern und versprachen die Umkehr von den bösen Taten. Sie lernten die großen Loblieder auf den Bundesgott (Psalmen) auswendig, die am heiligen Ort gesungen wurden.[122]

Die Glaubenden sprachen diese Gebete in ihrem alltäglichen Leben, sie hatten ihr Dasein dem Schutzgott Jahwe übergeben, sie wussten sich von ihm geführt und geleitet. Folglich blieben ihre Herzen gehorsam, auch wenn sie großen Gefahren ausgesetzt waren. Denn sie waren sich sicher, dass ihnen ein gutes Schicksal bestimmt sei und dass die Kräfte des Guten immer über die Mächte des Bösen siegen werden. Selbst in Zeiten des Krieges, der Gefangenschaft, der Hungersnot konnten sie darauf vertrauen, dass ihr Leben in guten Händen lag. Selbst wenn sie besiegt wurden und in Gefangenschaft waren, trugen sie die feste Überzeugung weiter, dass ihr Bundesgott an ihrer Seite stand.[123]

Es waren die Priester am Tempel, die den Armen und Notleidenden Trost spendeten, die Gebeugte wieder aufrichteten. Sie verkündeten, der Bundesgott Jahwe sei immer auf der Seite der Armen und der Schwachen,

120 B. Lang, Jahwe der biblische Gott, S. 30-52.
121 G. Stemberger, Einführung in die Judaistik, S. 52-66.
122 E. Zenger, Einleitung in das Alte Testament, S. 348-368.
123 Ebenda, S. 355-378.

der Kleinen und Geängstigten. Doch es waren auch die Propheten, die von Dorf zu Dorf zogen, um die Menschen in schwierigen Lebenslagen zu ermutigen und ihnen Kraft zu geben. Auch sie lehrten, dass Gott immer auf der Seite der Hilflosen und der Unterdrückten sei. Die Glaubenden sollten ihr Leben dem Bundesgott übergeben, dann könne ihnen nichts Böses widerfahren.

Als die Babylonier und Assyrer das Land beherrschten, blieb der Glaube an Jahwe im Volk stark. Jetzt sagten die Propheten und Lehrer, Gott prüfe den Glauben seines Volkes, aber er bestrafe die Sünder. Die Zeit der Unterdrückung werde nur kurz sein, dann werde dem Volk wieder die Freiheit geschenkt. Die Fremdherrschaft der Perser, der Griechen und der Römer wurde von vielen Israeliten nicht mehr als bedrückend empfunden, nur eine fanatische Minderheit wehrte sich dagegen. Auch nach dem jüdischen Krieg gegen die Römer blieb im Volk das Vertrauen in den Gott Jahwe erhalten.[124]

Danach wurden die Juden im ganzen römischen Imperium verteilt, sie siedelten auch in Babylon und in Arabien. Durch den starken Glauben an den Bundesgott Jahwe wurden sie zusammengehalten, sie befolgten weiterhin gemeinsame Gesetze und Gebote. Später siedelten sie in ganz Europa, an ihrem Glauben an eine göttliche Erwählung hielten sie fest. Viele Juden sind auch im Holocaust mit starkem Gottvertrauen in den Tod gegangen.[125]

Heute leben weltweit ungefähr 16 Millionen Juden, die Hälfte im Staat Isreal, die anderen in aller Welt verstreut. Die konservativen und orthodoxen Juden glauben bis heute an die Führung ihres Bundesgottes, deswegen halten sie an seinen Gesetzen und Geboten fest. Wir erkennen hier die starke Lebenskraft, die eine Religion einem ganzen Volk vermitteln kann.[126]

Religion als Plazebo

Damit sind vor allem die heilenden und die helfenden Kräfte von religiösen Überzeugungen gemeint. Vor allem Atheisten und Agnostiker sehen heute aus der Außenperspektive den Plazebo-Effekt, der mit vielen Religionen verbunden ist. Die jüdischen Betenden sind bis heute überzeugt, dass der Bundesgott Jahwe viele ihrer Leiden und Krankheiten heilen kann und wird. Und wenn er sie nicht heilt, dann wollen sie ihr Leiden tapfer ertra-

124 H. Küng, Das Judentum, S. 112-132.
125 B. Lang, Jahwe der biblische Gott, S. 137-152.
126 H. Küng, Das Judentum, S. 627-640.

gen. Durch das Vertrauen in den Bundesgott wird das Leben der Glaubenden größer und stärker, es wird unbesiegbar. Im Prozess des religiösen Glaubens geschieht auch die Selbstwerdung der menschlichen Person.[127]

Die Glaubenden sind davon überzeugt, dass durch die Kraft ihres Glaubens viele Leiden geheilt werden können. Deswegen bringen sie in ihren Gebeten und Klageliedern ihre Nöte und Leiden vor den heilenden Bundesgott. In der Frühzeit waren die Schamanen, später die Propheten im Auftrag Jahwes als die Heiler tätig, sie zogen von Ort zu Ort. Später wurden die Heilungsrituale an den Kultplätzen und zuletzt am Tempel in Jerusalem ausgeführt. Doch die Priester deuteten die Krankheit zumeist als eine Strafe Gottes für die Sünden der Menschen. Deswegen musste der Bundesgott zuerst um Vergebung gebeten werden, bevor die Heilung geschehen konnte.[128]

Die Bibel erzählt viele Geschichten von Heilungen durch Propheten und Priester, diese legten den Kranken die Hände auf und übertrugen auf sie die göttlichen Heilungskräfte. Sie hauchten die Kranken an oder bestrichen deren Gesicht mit ihrem Speichel, oder sie legten sich auf oder neben den Kranken. Diese wurden mit Wasser besprengt, in Wasser getaucht und mit heiligem Öl gesalbt. Immer war es die göttliche Heilungskraft, welche durch die heiligen Personen vermittelt wurde. In den Psalmen hören wir die Klagen der Kranken und ihre Bitte um Heilung am heiligen Ort.[129]

Nach der erfolgten Heilung sprachen oder sangen die Geheilten die Loblieder auf den Gott Jahwe, sie priesen seine Heilungskraft. Die Psalmen überliefern uns viele dieser Danklieder von Menschen, die von Krankheiten und Leiden befreit wurden. Da wurden Menschen vom Fieber oder von Blindheit geheilt, Aussätzige wurden an ihrer Haut wieder rein. Heilungsrituale fanden an Teichen (Shiloah) und Wasserläufen statt, immer wurde die Heilungskraft des Bundesgottes Jahwe von neuem angerufen.[130]

Die Bibel erzählt auch von mehreren Totenerweckungen durch Propheten und Heiler. Söhne und Töchter waren frühzeitig verstorben, zumeist klagten Witwen um ihre toten Kinder. Sie ließen Propheten (Jeremia) holen, damit sie den Toten wieder das Leben gaben, denn Jahwe war der Herr über Leben und Tod. Die Toten wurden wieder lebendig. Aus naturwissen-

127 E. Zenger, Einleitung in das Alte Testament, S. 427-439.
128 G. Stemberger, Einführung in die Judaistik, S. 44-58.
129 E. Zenger, Einleitung in das Alte Testament, S. 427-435.
130 B. Lang, Jahwe der biblische Gott, S. 138-152.

schaftlicher Sicht waren diese Personen nicht tot, sie wurden für tot gehalten. Die frühen Kulturen kannten keine genaue Todesgrenze.[131]

Nun konnte Jahwe auch viele seelische Leiden heilen, er half schwermütigen und depressiven Personen in ausweglosen Lebenslagen. Ihnen erschienen oft „Engel Jahwes", die heilende Kräfte hatten und danieder liegende Menschen wieder aufrichteten. Auch der König Saul war schwermütig, er musste durch Lieder und Instrumente geheilt werden. Heilende Engel (Raphael) kamen zu blinden Menschen und schenkten ihnen wieder das Augenlicht.[132]

In der hellenistischen Zeit kam auch das empirische Heilwissen der Griechen in die jüdische Kultur. Es wurde von der Oberschicht dankbar angenommen, doch die Menschen der mittleren und der unteren sozialen Schichten vertrauten weiterhin auf die Heilungskraft der Propheten. In der islamischen Zeit waren viele gebildete Juden als Ärzte tätig, sie verbanden das empirische Heilungswissen mit dem Glauben an den Bundesgott Jahwe. Auch heute wissen viele Ärzte und Psychologen um die heilenden Potentiale von religiösen Überzeugungen.[133]

Religion als Lebenselixier

Viele Glaubende lebten aus der Kraft der religiösen Verheißungen und aus der Hoffnung auf Gottes Hilfe. Die Priester und Propheten lehrten, das Volk Israel sei vom Bundesgott Jahwe erwählt, seinen Willen zu erfüllen.[134] Sie versprachen dem Volk, dass es wieder in ein gelobtes Land ziehen werde, das von Milch und Honig fließe, wo es reichlich Felder und Obstgärten, Viehweiden und Weinberge geben werde.[135] Wenn sie an Jahwe glaubten, dann werden ihnen die göttlichen Verheißungen geschenkt werden. Diese starke Hoffnung auf ein besseres Leben ließ die Glaubenden in der Zeit der Verbannung und der Verfolgung durchhalten.[136] Ein großer Teil des Volkes freute sich am wirtschaftlichen Wohlstand in der Zeit der Perser, der Griechen, der Römer, der Christen und der Moslems. Doch fanatische Minder-

131 H. Küng, Das Judentum, S. 132-147.
132 E. Zenger, Einleitung in das Alte Testament, S. 489-501.
133 H. Küng, Das Judentum, S. 151-166.
134 E. Zenger, Einleitung in das Alte Testament, S. 517-134.
135 Ebenda, S. 427-439.
136 H. Küng, Das Judentum, S. 142-153.

heiten kämpften zu allen Zeiten gegen die Fremdherrschaft, sie riskierten dabei die Selbstzerstörung.[137]

Der Blick auf die gemeinsamen Stammväter gab den Menschen die Kraft zum Überleben. Die Propheten und Priester verkündeten den kinderlosen Frauen, dass sie noch Kinder bekommen werden. Die Rabbiner und die Lehrer der Weisheit weckten im Volk die starke Hoffnung, dass Jahwe bei seinem Volk bleiben werde und dass ihm eine große Zukunft bevorstehe. Diese Hoffnung trug auch viele Juden, die den Holocaust überlebt hatten und 1947 den Staat Israel gründen konnten.[138]

Der jüdische Philosoph und Atheist Ernst Bloch sah in dieser Urkraft der Hoffnung (Prinzip Hoffnung) das stärkste Potential der jüdischen Kultur, das auch auf andere Völker übertragen werden könne. Auch Gottlose könnten dieses Hoffnungspotential von den Religionen lernen und sogar erben, denn es kann uns in schwierigen Lebenssituationen zum Überleben helfen. Wir sehen, dass religiöse Lehren auch in postreligiöse Lebenswelten übersetzt werden können.[139]

Religion als sozialer Kitt

Der Zusammenhalt der jüdischen Sippen und Stämme war von den Anfängen an stark von religiösen Überzeugungen geprägt. Zuerst waren es Sippengötter und Stammesgötter, welche größere Gruppen zusammenhielten. Später war es der jüdische Bundesgott Jahwe, der nach den Lehren der Krieger und der Priester die vielen Stämme zu einem einzigen Volk vereinigte. Diese Vereinigung wurde verstärkt durch gemeinsame Riten, durch einen zentralen Kultort und durch einheitliche Gesetze. Zuerst hatten sich die Krieger zu Kampfbündnissen unter einem Schutzgott vereinigt, später mussten sich die Bauern, die Hirten, die Handwerker, die Händler und die Unfreien diesem Schutzgott Jahwe anschließen.[140]

Die Durchsetzung des einen und einzigen Bundesgottes geschah mit militärischer Gewalt, freiwillig gaben die Sippen die Verehrung ihrer Sippengötter nicht auf. Das war auch bei der Durchsetzung des einheitlichen Reichschristentums oder des politischen Islam der Fall. Religionen können

137 B. Lang, Jahwe der biblische Gott, S. 137-153.
138 H. Küng, Das Judentum, S. 363-388.
139 B. Kilcher (Hrsg.), Lexikon jüdischer Philosophen. Stuttgart 2002, S. 363-367.
140 B. Lang, Jahwe der biblische Gott, S. 211-229.

große Kulturräume miteinander verbinden, die bisher keine Beziehungen zueinander hatten. Oder anders gesagt, Religionen können große Kulturräume schaffen, die über viele Jahrhunderte hin stabil bleiben. Der Glaube an einen einheitlichen Bundesgott hält die Glaubenden zusammen, er ist mit starken Hoffnungspotentialen und mit innerer Lebenskraft verbunden.[141]

Es waren die Propheten und die Priester, welche dem jüdischen Volk die Potentiale der Hoffnung weitergaben. Schwierig war der Zusammenhalt in politischen Krisen, in Zeiten der Unterdrückung und der Unfreiheit. Aber es gelang den Lehrern der Religion, auch die Zeiten der Not und der Zerstörung als göttlichen Willen zu deuten. So wurde in Zeiten der Fremdherrschaft der innere Zusammenhalt durch den Glauben an den Bundesgott Jahwe noch gestärkt. Oder es war die Hoffnung auf einen göttlichen Heilsbringer (Messias), welche das jüdische Volk über viele Jahrhunderte zusammenhielt.[142]

Für die Juden war es dann ein gemeinsames Buch, die Bibel, welche ihnen als göttliche Offenbarung galt. Die Priester und Propheten hatten dieses große Werk durch viele Jahrhunderte hin geschaffen. Sie beriefen sich dabei auf göttliche Offenbarungen, die sie im Tempel zu Jerusalem im „Zelt der Offenbarungen" erfuhren. Es war also der Bezug auf eine metaempirische Welt, auf die Welt des Göttlichen und des Heiligen, welcher diesen engen Zusammenhalt des Volkes ermöglichte.[143]

In der Zeit der Zerstreuung (Diaspora) lebten die Juden unter vielen Völkern in Europa und in Asien, später siedelten sie auf allen anderen Kontinenten. Aber was sie zusammenhielt, waren immer der starke Glaube an den Bundesgott Jahwe, die gemeinsamen Riten und Gebote, die Hoffnung auf einen göttlichen Erlöser. Auch das liberale Judentum zehrt heute weltweit von diesen religiösen Potentialen, denn die inneren Kräfte der Religion können auch in säkularisierter Form noch lange Zeit weiterleben.[144]

141 H. Küng, Das Judentum, S. 145-166.
142 B. Lang, Jahwe der biblische Gott, S. 212-228.
143 Ebenda, S. 211-224.
144 H. Küng, Das Judentum, S. 161-173.

Religion als moralische Orientierung

In den frühen Kulturen wurden die moralischen Regeln des richtigen Verhaltens fast immer im Kontext von Mythos und Religion weitergegeben. Es waren die Lehrältesten, die in den Sippen an die Jugendlichen die Verhaltensregeln der Erwachsenen übermittelt haben. Zumeist wurden beide Geschlechter getrennt in das erwünschte und erlaubte Verhalten eingeführt, von weiblichen und von männlichen Lehrältesten. Später übernahmen Priester und Propheten an den heiligen Orten die Aufgabe, die Regeln des richtigen Verhaltens festzulegen und zu vermitteln. Sie sahen in den Ahnen und in den Schutzgöttern die Urheber dieser Regeln, damit wurde die Moral mythisch und religiös motiviert. Im Tempel zu Jerusalem wurden die heiligen Gesetze der Priester verkündet und vom Volk gelernt.[145]

Als der große Gesetzgeber der jüdischen Kultur galt Mose, auf ihn bezogen sich die Priester. Mose habe die göttlichen Gesetze und Moralregeln vom Bundesgott Jahwe auf dem heiligen Berg Sinai empfangen, sie waren schon in Steintafeln eingraviert. Diese Steintafeln wurden in allen Dörfern und Städten an den Stadttoren aufgestellt, aber sie konnten nur von den Lesekundigen gelesen werden. Die jüdischen Gesetze und Gebote (Zehn Gebote) seien von Jahwe selbst übergeben worden, sie müssten von den Menschen eingehalten werden. Als das Volk Israel sich nicht an diese Gebote hielt, habe Mose die Tafeln mit den Gesetzen zerschlagen. Aber später habe er vom Gott Jahwe neue Gesetzestafeln erhalten.[146]

Am Tempel verfasssten die Priester in mehreren Generationen die einzelnen Gebote für das tägliche Leben; Gebote der kultischen Reinheit, der patriarchalen Eheformen, der rechten Gottesverehrung, der Sexualethik für Erwachsene, der Umgang mit Besitz und Eigentum, die Regeln der Heirat und der Scheidung, Gebote für den rechten Gottesdienst. Die Schreiber und die Gesetzgeber am Tempel haben diese Gebote später aufgeschrieben, sie finden sich heute in der Bibel (Deuteronomium). Da Jahwe mit seinem Volk ein Bündnis geschlossen hatte, mussten die Menschen seine Gesetze und Gebote genau befolgen. Wenn sie dies nicht taten, wurden sie von ihrem Schutzgott hart bestraft.[147]

Auch in Israel geschah das soziale und moralische Lernen durch Lehrälteste, durch Priester und Propheten. Die Moral des guten Zusammen-

145 E. Zenger, Einleitung in das Alte Testament, S. 136-152.
146 Ebenda, S. 140-162.
147 H. Küng, Das Judentum, S. 132-147.

lebens war von den Anfängen an mit der Verehrung der Ahnen und der Schutzgötter verbunden. Der Tempel zu Jerusalem wurde später zum zentralen Lernort der Gesetze und der Gebote, bei den jährlichen Wallfahrten wurden diese Regeln des Zusammenlebens vertieft. Sie mussten in einer schriftlosen Kultur wohl auswendig gelernt werden. Später entstanden religiöse Parteien (Asidäer, Pharisäer), welche sich für die buchstäbliche Erfüllung der heiligen Gesetze stark machten.[148]

Religion als Daseinsdeutung

Durch die Lehren der Lehrältesten, später der Propheten und Priester wurde für das Volk das Dasein gedeutet, die Menschen bekamen eine Orientierung für ihr Leben. Zunächst wurden die Weltdeutungen der Vorfahren weitergegeben, diese wurden durch neue Erfahrungen ergänzt. Es wurde gelehrt, wie sich die Sippen gebildet haben, wie sie zusammenhalten, welchen Lebensregeln sie folgen. Das sind die großen Mythen der Stammväter und der Stammmütter, die Erzählungen von der Einwanderung und der Sesshaftwerdung.[149]

Es wird berichtet, wie die Schutzgötter verehrt wurden, welche Riten zu befolgen waren, welche Arbeiten auf den Feldern zu verrichten waren, wie die Viehherden zu betreuen sind. Es wird erzählt von frühen Menschenopfern, welche später durch Tieropfer ersetzt wurden (Isaak). Oder es wird von Dürreperioden und von Hungersnöten berichtet, von Kriegen und Zerstörungen. Die Priester lehrten, der Bundesgott habe die Erde geschaffen und die Menschenwelt weise eingerichtet, er bestimme über die Sonne und den Mond, den Blitz und den Regen. Oder es wird von einem Obstgarten-Paradies am Anfang der Menschenzeit berichtet, das aber verloren gegangen war.[150]

Die Priester am Tempel schufen einen großen Mythos der Weltentstehung, der Gott El habe mit seinem machtvollen Wort das Licht geschaffen, die Erde vom Wasser getrennt, die Leuchten am Himmel befestigt. Er habe dann die Pflanzen, die Wildtiere und die Haustiere und zuletzt die Menschen geschaffen. Die Menschen als Frauen und Männer seien nach seinem Bild geschaffen, also muss der Gott zu dieser Zeit noch zweigeschlechtlich gedacht worden sein. Die ganze Erschaffung der Welt sei in sechs Tagen er-

148 E. Zenger, Einleitung in das Alte Testament, S. 176-188.
149 Ebenda, S. 188-198.
150 B. Lang, Jahwe der biblische Gott, S. 144-158.

folgt, am siebenten Tag habe Gott von seiner Arbeit geruht. Seither sollten auch die Menschen an diesem Tag von ihrer Arbeit ruhen.[151]

Die Menschen sollten das Leben weitergeben, sie durften die Tiere nutzen, essen sollten sie nur die Pflanzen. Mit dieser Erzählung erhielten die Menschen einen Deutungsrahmen für ihr Leben, sie konnten sich in dieser geordneten Welt geborgen wissen. Die Erde wurde als Scheibe gedeutet, die auf dem Wasser schwimmt. Der Himmel wurde als großes Nomadenzelt gesehen, an dem die Leuchten für den Tag und für die Nacht befestigt waren. Nach dem Tod kehrten alle Menschen in das Land ihrer Vorfahren zurück, ein göttliches Gericht mit Himmel und Hölle gab es noch nicht.[152]

Religion als Zeitbombe

Auch die zerstörenden Poteniale des Lebens sind in der jüdischen Religion voll gespeichert, Kulturwissenschaftler sprechen daher von der Funktion der „Zeitbombe“. Die destruktive Seite liegt bereits bei den frühen Menschenopfern, später bei den Tieropfern, um den Bundesgott zu versöhnen. Denn hier wurden Mitmenschen im Auftrag der Ahnen oder des Schutzgottes getötet, damit die Überlebenden ein gutes Schicksal bekamen. Diese Riten finden wir bei vielen der archaischen Kulturen.[153]

Ein anderes Ritual war die Schuldvergebung am heiligen Ort, dabei wurden die Sünden der Sippe oder des Stammes in der Frühzeit einem Menschen, später einem Tier (Sündenbock) aufgeladen. Das Tier wurde aus dem Lebensraum der Menschen in die Wüste und Einöde vertrieben. Auf diese Weise sollte das Volk Jahr für Jahr von seinen Sünden vor dem Bundesgott gereinigt werden. Ein destruktives Ritual ist bis heute die Beschneidung der Penisvorhaut bei neu geborenen Knaben; dies war ursprünglich ein Teilopfer bei den Kriegern, ein archaisches Blutritual.[154]

In der Frühzeit der Kultur gab es das Erstlingsopfer an den Schutzgott, zuerst eines männlichen Kindes, später eines männlichen Tieres (Widder). In den Strafgesetzen der Priester (Deuteronomium) finden wir archaische Strafen für Diebstahl, Raub, Mord, Ehebruch, Totschlag, Abfall vom Jahweglauben. Die Strafen waren das Abhacken von Händen und Füßen, die Kastration der Männer, das Verbrennen im Feuer. Diese Körperstrafen

151 Ebenda, S. 30-49.

152 H. Küng, Das Judentum, S. 141-159.

153 G. Stemberger, Einführung in die Judaistik, S. 35-48.

154 E. Zenger, Einleitung in das Alte Testament, S. 176-189.

sollten Übeltäter von den Verbrechen abhalten. Diese Gesetze sind im heiligen Buch der Bibel aufgeschrieben.[155]

Starke Gewaltpotentiale sehen wir in der gewaltsamen Durchsetzung des Jahweglaubens durch Krieger und Priester. Die Allein-Jahwe-Bewegung setzte durch, dass öffentlich nur mehr der Schutz- und Bundesgott Jahwe / El verehrt werden durfte. Die Verehrer anderer Schutzgötter wurden mit dem Tod bedroht und zumeist auch getötet. Soweit wir dies noch erkennen können, sind alle monotheistischen Großreligionen mit militärischer Gewalt durchgesetzt worden, auch das Reichschristentum und der Islam. Damit kam eine starke Intoleranz in die Religion, fremde Gottesbilder durften nicht mehr toleriert werden.[156]

Die Bibel berichtet, wie die Priester des Gottes Baal von den Propheten und Kriegern getötet wurden. Auch die öffentliche Anrufung und Befragung der Ahnenseelen (Nekromantie) wurde verboten, die Verehrer fremden Götter wurden als böse Zauberer verfolgt. Die Schutzgötter der Bauern, aber auch der fremden Völker wurden von den Jahwepriestern dämonisiert. Die fremden Götter wurden als „Nichtse" und als „Götzen" verspottet, sie wurden zu bösen Dämonen und zu Teufeln (Beelzebub). Diese Intoleranz wurde später zu einem Wesensmerkmal aller monotheistischen Religionen und Kulte.[157]

Die Priester lehrten, dass der Bundesgott viel stärker sei als die Schutzgötter der anderen Völker, der Elamiter und Edomiter, der Kanaanäer und der Aramäer. Sie begannen Kriege gegen die anderen Völker, die sie zum Teil gewonnen haben. Dann mussten die besiegten Männer an der Penisvorhaut beschnitten werden, weil der Kriegsgott Jahwe / El es so wollte. Doch als die Israeliten und die Juden von großen Völkern der Ägypter, der Babylonier, der Assyrer, der Perser, der Griechen und der Römer besiegt wurden, deuteten die Priester dies als Strafe Jahwes für die begangenen Sünden. Und sie verkündeten die Rache ihres Gottes an den Siegervölkern.[158]

Alle Niederlagen wurden stereotyp als Strafe Gottes und als Prüfung des Glaubens gedeutet – die gleiche Deutung hatten die christlichen Völker noch für ihre beiden Weltkriege im 20. Jahrhundert. Auffallend ist, dass der starke Glaube an die Führung des Bundesgottes Jahwe durch alle militäri-

155 Ebenda, S. 133-148.

156 J. Assmann, Die Mosaische Unterscheidung, S. 58-64.

157 Ebenda, S. 65-77.

158 Ebenda, S. 28-39.

schen Niederlagen und Gefangenschaften nicht erschüttert werden konnte. Die emotionale Geborgenheit in der Religion war ungleich stärker als das rationale Denken. In der griechischen und römischen Zeit haben sich große Mehrheiten der jüdischen Bevölkerung der griechisch-römischen Kultur zugewandt. Doch eine starke Minderheit von fanatischen Juden rüstete zum Kampf gegen die Fremdherrschaft, sie bildete die tickende „Zeitbombe".[159]

Zu den fanatischen und fundamentalistischen Bewegungen im Judentum gehörten die Krieger der Makkabäer, die im 2. vorchristlichen Jahrhundert gegen die griechischen Herrscher kämpften. Sie wollten nicht akzeptieren, dass in der heiligen Stadt Jerusalem Bilder der griechischen Götter aufgestellt wurden. Zu dieser Zeit begannen einzelne Jahwepropheten zu predigen, die im Kampf gegen die Griechen gefallenen Krieger würden zu einem neuen Leben bei Gott auferstehen. Dies war der Anfang des Auferstehungsglaubens in der jüdischen Kultur, der fortan viele Krieger zum Kämpfen motivierte. Propheten hatten schon früher in Visionen gesehen, wie die gefallenen Krieger wieder zum Leben kamen (Ezechiel).[160]

Im Austausch mit der griechischen Kultur entwickelten jüdische Lehrer die Vorstellung von einer Auferstehung aller Toten und von einem göttlichen Gericht. Die Bösen sollten in den ewigen Strafort (*gehenna*) gelangen, die moralisch Guten aber in den göttlichen Himmel. Die große Mehrheit der jüdischen Oberschicht folgte der griechischen Kultur, doch eine fanatische Minderheit kämpfte verbissen dagegen. Die Römer hatten den Juden viele kultische Privilegien gegeben, doch das genügte den fundamentalistischen Bewegungen nicht, sie wollten den großen Krieg gegen die Fremdherrschaft.[161]

Die fanatischen Gruppen blickten mit Abscheu und Hass auf die griechische und römische Kultur, sie wollten wieder den reinen Jahweglauben in ihrem Land. Sie bildeten geheime Kampfgruppen (Dolchmänner, Sikkarier), die den Untergang des römischen Imperiums erreichen wollten. Zu ihnen zählten die apokalyptischen Bewegungen, die in vielen ihrer Schriften das römische Reich mit der „Hure Babylon" und mit der Herrschaft des Teufels verglichen. Im 1. Jahrhundert n.Chr. begannen sie viele gewaltsame Aufstände, die aber vom römischen Militär niedergeschlagen wurden.[162]

159 H. Küng, Das Judentum, S. 161-170.

160 E. Zenger, Einleitung in das Alte Testament, S. 312-328.

161 Ebenda, S. 316-329.

162 G. Stemberger, Einführung in die Judaistik, S. 57-69.

In den Jahren 66 bis 70 n.Chr. kam es zum großen Jüdischen Krieg gegen die Herrschaft der Römer und gegen die griechische Kultur. Der Feldherr Titus besiegte die Juden, sein Triumphbogen steht noch heute in Rom. Bei diesen Kämpfen wurde der jüdische Tempel zerstört, der Tempelkult kam damit zu Ende. Die Stadt Jerusalem aber wurde geschont, auch gab es keine Vergeltung gegen die im ganzen Imperium lebenden Juden. Diese behielten alle römischen Privilegien, sie mussten auch weiterhin nicht am symbolischen Opfer für den Kaiser (*libatio*) teilnehmen.[163]

Als im Jahr 129 n.Chr. apokalyptische Gruppen unter dem Heerführer Bar Kochba einen neuen militärischen Aufstand gegen die Römer begannen, wurden sie erneut besiegt. Nun wurde die Stadt Jerusalem zerstört, viele Häuser wurden abgetragen. Alle Juden mussten die Stadt verlassen, sie durften aber im römischen Imperium siedeln. Aber viele von ihnen wanderten nach Arabien aus. Die Stadt wurde neu gegründet und bekam den römischen Namen Aelium Capitolina. Damit hatten die fanatischen Gruppen der Jahwereligion mehrfach die Selbstzerstörung des Landes Israel eingeleitet. Genau dies ist die Funktion von tickenden Zeitbomben.[164]

Fundamentalistische Gruppen der Jahwe-Religion hatten zur Selbstzerstörung der jüdischen Kultur geführt. Dieses Schicksal hatte kein anderes Volk im römischen Imperium erlitten, es hat ganz bestimmt mit dem Monopolanspruch der wahren Religion zu tun. Denn die Juden hatten zu dieser Zeit die einzige monotheistische Religion im ganzen Imperium. Dieser Faktor ist von den Kulturwissenschaftlern bis heute zu wenig bedacht worden. Die Juden hatten im Imperium seit Julius Caesar die meisten Privilegien, doch ihre fanatischen Gruppen gaben sich damit nicht zufrieden. Wir erkennen bereits hier die politische Gefährlichkeit fundamentalistischer Religionsformen.[165]

Bis zum Jahr 1947 lebten die Juden weltweit in der Zerstreuung (Diaspora), bis ihnen in diesem Jahr ein eigener Staat Israel ermöglicht wurde, den die Engländer bereits im Herbst 1917 (Balfour Doktrin) versprochen hatten. Seither leben in Israel liberale und fundamentalistische Juden zusammen, nicht ohne innenpolitische Konflikte. Denn religiöse Fundamentalisten erstreben fast immer die kriegerische Auseinandersetzung mit den Gegnern, weil sie dann auf das Eingreifen ihres Schutzgottes hoffen. Dies ist die gefährlichste emotionale, politische und militärische Dynamik, die

163 H. Küng, Das Judentum, S. 161-172.
164 Ebenda, S. 164-172.
165 Ebenda, S. 166-178.

bestimmte Religionen in Gang setzen können, auch in heutigen und modernen Lebenswelten.[166]

Die Christliche Religion

Die christliche Religion ist aus dem jüdischen Glauben gewachsen, hat sich aber früh mit der griechischen Kultur verbunden. In der frühen Jesusbewegung erkennen wir eine jüdische Erneuerungsbewegung mit starken Bezügen zu den jüdischen Propheten und zur jüdischen Weisheitslehre. Doch in der Ethik erkennen wir deutliche Elemente der griechischen Stoiker und Kyniker, denn in der Bewegung um Jesus waren auch einige Griechen, wie ihre Namen zeigen. Politisch war die Mehrheit der Bewegung wohl friedvoll orientiert, wie wir aus ihren Texten erkennen. Doch es scheint auch fanatische Personen und Gruppen (Apokalyptiker) darin gegeben zu haben. Aber die Mehrheit der Bewegung wollte dem römischen Kaiser die hohen Steuern bezahlen.[167]

Doch es gab in der Jesusbewegung auch Personen, die den politischen Umsturz wollten. Da ist von Dolchmännern und Apokalyptikern die Rede. Jesus soll gesagt haben, er wolle Feuer vom Himmel rufen, er wolle nicht den Frieden, sondern das Schwert. Aus diesen Sprüchen in den Evangelien können wir schließen, dass sowohl pazifistische, als auch apokalyptische Personen in der Gruppe um Jesus waren. Doch die Pazifisten behielten die Oberhand, wie die meisten Texte zeigen. Jesus soll ein „Reich Gottes" verkündet haben, in dem die göttlichen Gebote gelebt werden, wo soziale Gerechtigkeit, die Nächstenhilfe und die Solidarität mit den Armen verwirklicht werden. In der Jesusbewegung wurden Kranke geheilt und Niedergedrückte wieder aufgerichtet.[168]

Doch die Bewegung um Jesus stand dem Tempelkult der Priester in Jerusalem kritisch gegenüber, weil die Priester eng mit der römischen Verwaltung zusammenarbeiteten. Sie standen mehrheitlich auf der Seite der Reichen und Wohlhabenden, die sich große Tieropfer am Tempel leisten konnten. Die Jesusjünger standen aber mehrheitlich auf der Seite der Ar-

166 J. Assmann, Die Mosaische Unterscheidung, S. 112-129.

167 G. Theißen, Die Jesusbewegung. Gütersloh 2004, S. 37-52.

168 A. Grabner-Haider (Hrsg.), Kulturgeschichte der Bibel. Göttingen 2008, S. 351-370.

men und der sozial Schwachen. Die vielen jüdischen Gebote sollten durch das eine Gebot der Nächstenhilfe ersetzt werden, dann sollte es im Land keine Notleidenden mehr geben. Die Jünger Jesu leisteten Friedensarbeit, indem sie die Versöhnung der Sippen und Gruppen betrieben. Sie wollten einander die Sünden vergeben, was nur die Priester am Tempel beanspruchten. Die Männer sollten nicht einseitig ihre Frauen aus der Ehe verstoßen, auf Eide vor Gott sollte verzichtet werden.[169]

Als Teile der Jesusbewegung nach Jerusalem zogen, um gegen den Tempelkult der Priester zu protestieren (Tempelreinigung), kam es zur Katastrophe. Jesus wurde von der Tempelwache gefangengesetzt und vor dem römischen Gericht des Aufruhrs gegen die Römer angeklagt. Er wurde von Pontius Pilatus zur Kreuzigung verurteilt und starb den Tod eines Rebellen. Die Jesusjünger sperrten sich aus Angst vor der Verfolgung durch die Priester in ihre Häuser ein, dort trauerten sie und erlebten im ekstatischen Gebet (Gruppenekstase), dass Jesus aber lebte. Jetzt erkannten sie, dass die Reformbewegung Jesu weitergehen musste. Nach einiger Zeit begannen sie wieder, ihre Lehren öffentlich zu predigen, in der Überzeugung, Jesus sei als leidender „Gottesknecht" gestorben.[170]

Danach bildete die Jesusbewegung kleine Hausgemeinschaften, auch in den griechischen Städten (Antiochia, Alexandria), viele reformwillige Juden, aber auch fromme Griechen schlossen sich ihnen an. Paulus aus Tarsos war der erste christliche Autor, der mehrere Briefe an solche Hausgemeinschaften schrieb. In der Großstadt Antiochia wurden die Jesusjünger von den toratreuen Juden „Christianoi" (Christen) genannt, diesen Namen behielten sie fortan. Diese frühen Christen verbanden nun die jüdische Binnenethik mit den Morallehren der Stoiker und Kyniker, damit entstand in der griechischen Kultur eine sehr attraktive soziale Reformbewegung. Die Christen bezogen sich fortan auf den Gesalbten (Christos) Jesus, der nun sehr schnell zu einem griechischen Kultheros wurde.[171]

Doch die frühen Christen lebten in großer Vielfalt des Glaubens in den griechischen Städten, es gab paulinische, johanneische, mattheische, lukanische, apokalyptische Christen mit verschiedenen Schwerpunkten und Lehren. Die meisten von ihnen sahen Jesus als einen „göttlichen Sohn", wie es in der griechischen Kultur viele gab; er sei vom Himmel zu den Menschen gekommen, um diese aus der Macht der Sünde und des Todes zu

169 G. Theißen, Die Jesusbewegung, S. 80-98.
170 M. Ebner, Jesus von Nazareth. Stuttgart 2004, S. 38-53.
171 G. Theißen, Die ersten Christen. Gütersloh 2000, S. 351-367.

erlösen. Doch andere sahen im Kultheros Jesus den neuen „Weltherrscher“ (Kyrios), der das Leben der Menschen bestimmen sollte. Die Apokalyptiker erwarteten die Wiederkehr des Christus und den baldigen Weltuntergang, doch die große Mehrheit der Christen richtete sich in der griechischen Lebenswelt sehr sozial ein.[172]

Die philosophisch gebildeten Christen brachten stoische und kynische Lehren in den neuen Glauben. Doch der neue Christuskult war nicht vom römischen Kaiseropfer befreit, was nur den toratreuen Juden gewährt wurde. Daher kam es schon früh zu Konflikten mit den römischen Behörden. Da es seit Kaiser Augustus verboten war, neue Religionen einzuführen, betonten die frühen Christen ihre jüdische Herkunft und sie übernahmen die jüdische Bibel. Gleichzeitig verfasssten sie neue und ergänzenden Schriften über Jesus Christus (Neues Testament). Doch das Christentum konnte sich, von einigen Konflikten abgesehen (Decius, Aurelian, Diokletian), frei und friedvoll im römischen Imperium entfalten. Es muss also eine hohe soziale Attraktivität dagewesen sein.[173]

Die römischen Imperatoren Galerius und Konstantin I. wollten dann auch die Christen und die Manichäer voll in das römische Imperium integrieren, deswegen gewährten sie ihnen ab 311 bzw. 313 n.Chr. die volle Kultfreiheit (*religio licita*). Konstantin förderte die Christen, weil seine Mutter Helena bereits Christin war. Er selbst war gewiss kein Christ, doch er brauchte eine einheitliche Reichsreligion für den Zusammenhalt des Imperiums. Der Kult der Sonne (Sol invictus) erschien ihm dafür zu schwach, deswegen wollte er ein einheitliches Christentum bilden. Er lud christliche Bischöfe in seine Sommeresidenz Nikaia ein (325 n.Chr.), wo sie sich auf einen einheitlichen Glauben einigen sollten. Sie konnten sich jedoch nicht einigen, Arianer standen gegen die Katholiken. Die Söhne Konstantins standen im Westen den Katholiken nahe, im Osten den Arianern, aber sie förderten das Christentum.[174]

Es war der aus Hispania stammende Imperator Theodosius I., der mit einem Dekret *Cunctos populos* vom 28. Februar 380 n.Chr. das katholische Christentum zur römischen Reichsreligion erklärte. Damit durften fortan nur mehr Christen und christliche Taufschüler in den Staatsdienst

172 M. Ebner, Jesus von Nazareth, S. 56-69.

173 G. Theißen, Die ersten Christen, S. 65-78

174 A. Grabner-Haider (Hrsg.), Kulturgeschichte des frühen Christentums. Göttingen 2010, S. 120-143, 155-170.

aufgenommen werden, die griechischen und römischen Kulte wurden zurückgedrängt und schrittweise verboten. Die Imperatoren kämpften mit dem Militär und den Gesetzen gegen die nichtkatholischen Christen (Arianer, Donatisten, Montanisten, Monophysiten, Nestorianer). Damit war die römische Religionstoleranz offiziell zu Ende, es begann ein staatlich durchgesetzter christlicher Monotheismus mit einem politischen Monopolanspruch. Auch die christliche Religion hatte sich in der Folgezeit signifikant verändert, sie war von einer Religion der persönlichen Überzeugung und Verantwortung zu einer staatlichen Herrschaftsreligion geworden.[175]

Allerdings betraf diese Veränderung vor allem die Kleriker und die Bischöfe, sie hatten nun Verwaltungsfunktionen bekommen. Das christliche Volk wurde fortan gezwungen, den einheitlichen Glauben der Bischöfe und Theologen anzunehmen. Die sogenannten „Häretiker" wurden hart verfolgt und sogar mit dem Tod bestraft. Jetzt trugen die Bischöfe auch die Kriege des Imperiums voll mit, sie sahen darin einen göttlichen Auftrag. Damit entstand in Europa aber eine einheitlich christlich geprägte Kultur, denn alle Völker sollten den katholischen Glauben annehmen. Doch durch die christliche Mission kam überhaupt erst die lateinische und griechische bzw. russische Christenkultur zu den schriftlosen Völkern Europas.[176]

Die christliche Reichsreligion hatte in den meisten Ländern Europas ihren festen Bestand bis 1918, bis zum Ende der großen Kaiserreiche (Deutsches Reich, Österreich-Ungarn, Zarenreich). Die politische Herrschaft der Fürsten und der Könige war durch die Religion gestützt und legitimiert, alle großen Kriege wurden von den Bischöfen und Klerikern voll mitgetragen. Dies traf auch noch auf den Ersten und den Zweiten Weltkrieg zu. Denn hier kämpften an allen Fronten Christen im Namen des einen Weltgottes gegeneinander, mit ca. 80 Millionen Toten. Für viele Zeitgenossen war damit aber das Ende des Reichschristentums gekommen, bei genauerer Betrachtung hatte es sich selbst zerstört. Seither begann sich, vor allem unter den Laienchristen, das Verantwortungschristentum der Frühzeit wieder zu verbreiten. Heute leben ungefähr 2,3 Milliarden Menschen, die direkt oder indirekt durch den christlichen Glauben geprägt worden sind.

175 A. Grabner-Haider (Hrsg.), Kulturgeschichte des frühen Christentums, S. 155-172.

176 A. Grabner-Haider (Hrsg.), Kulturgeschichte der frühen Mittelalters. Göttingen 2011, S. 103-117.

Die Vielfalt der Bekenntnisse und der Bilder ist wieder in die christliche Religion zurückgekehrt.[177]

Religion als Sedativum

Auch der Glaube an Jesus Christus bietet den Glaubenden viel an Sicherheit und Geborgenheit, wenn sie an einen gütigen Gott aller Menschen glauben können. Jesus hatte seine Jünger das unbedingte Vertrauen in einen göttlichen „Vater" gelehrt, sie sollten sich keine Sorgen machen um die alltäglichen Dinge des Lebens, denn Gott sorge für alle Menschen. Im Vaterunser-Gebet drücken Millionen von Christen seit 2.000 Jahren dieses starke Gottvertrauen aus. Für sie ist das Leben nicht sinnlos, sondern es folgt einem göttlichen Plan, auch wenn dieser Plan den Menschen unbegreiflich bleibt.

Mit diesem starken Vertrauen konnten die Christen Zeiten des Krieges und der Not gut bestehen. Selbst der Philosoph Ludwig Wittgenstein schrieb mitten im Ersten Weltkrieg an der Ostfront, wir könnten den Sinn des Lebens „Gott" nennen und damit das Bild eines Vaters verbinden. Die Glaubenden waren und sind davon überzeugt, dass ihr Leben von einer gütigen göttlichen Vorsehung gelenkt und geleitet werde. Damit können sie Extremsituationen des Lebens gut bestehen, allerdings müssen sie im Leben den göttlichen Geboten folgen. Und sie haben eine starke Motivation, sich für konkrete Nächstenhilfe, für die Solidarität mit den Armen und für soziale Gerechtigkeit zu engagieren.[178]

Das Vertrauen in die göttliche Welt wurde weiter spezifiziert, die Glaubenden beten zum göttlichen Vater, zum Erlöser Jesus Christus, zum göttlichen Geist. Christus ist für sie das Vorbild des guten und gelingenden Lebens, oder es wird die Gottesmutter Maria um Hilfe angerufen. Viele Christen beten zu den Heiligen und Schutzpatronen, sie bitten um Hilfe in der Not, sie stärken durch Gottesdienste und Prozessionen ihr tiefes Vertrauen in die göttliche Welt. Selbst in Zeiten des Krieges vertrauten die Heerführer und Fürsten, vor allem die Soldaten auf die göttliche Hilfe, sie beteten zum Erzengel Michael. Selbst in den Lagern der Gefangenschaft vertrauten Millionen von Kriegsgefangenen auf die göttliche Hilfe und Be-

177 M. und U. Tworuschka, Religionen in der Gegenwart. Münster 2011, S. 101-109.

178 H. Küng, Das Christentum. München 1996, S. 45-55.

freiung. Damit wurde der Wille zum Überleben gestärkt, Religion war mit Abstand die stärkste aller Sinnwelten.[179]

Religion als Plazebo

Der christliche Glaube hatte seit den Anfängen mit der Heilung von Krankheiten zu tun. Von Jesus wird erzählt, dass er Blinde und Gelähmte geheilt habe, dass Aussätzige rein wurden. Auch seine Jünger setzten diese Heilungstätigkeit fort, sie legten Kranken und Schwachen die Hände auf, um sie zu stärken. Verlangt wurde ein fester Glaube an die göttlichen Kräfte der Heilung und die Umkehr vom sündhaften Leben. Von Jesus wurde berichtet, er habe die Künste der Heilung in Ägypten gelernt und er sei wie ein Schamane 40 Tage lang in die Wüste gegangen. Er soll sogar Tote wieder zum Leben erweckt haben. Das bedeutet wohl, dass diese Menschen noch nicht tot waren, sondern für tot gehalten wurden. Die Jünger glaubten, dass Jesus selbst nach seinem Tod am Kreuz wieder zum Leben gekommen sei (Auferstehung).[180]

Aus heutiger Sicht ist es möglich, dass Jesus und seine Jünger psychisch und sozial verursachte Krankheiten heilen konnten. Die Menschen glaubten, dass böse Dämonen die Krankheiten verursacht hatten, deswegen mussten diese Geistwesen durch symbolische Riten vertrieben werden. Die frühen Christen haben diese Heilungstätigkeit fortgeführt, der Glaube an Gott hatte für viele Menschen Kräfte der Selbstheilung ausgelöst. Daher wurden in den Kirchen schon früh eigene Häuser für Kranke eingerichtet, es entstanden Orden zur Krankenbetreuung und zur Pflege alter Menschen. Wir erkennen in der christlichen Religion bis heute viele heilende Kräfte und Potentiale, aber wir sehen darin auch Lehren, die für die Glaubenden krankmachend gewirkt haben. Heute bemühen sich die meisten Christen, diese depressiven und neurotischen Lehren und Gebote zu überwinden.[181]

Viele Kranke pilgern zu den Heiligtümern der Gottesmutter Maria (Lourdes, Fatima), um von schweren und chronischen Krankheiten geheilt zu werden. Es geschehen im Kontext der Religion weiterhin Heilungen von körperlichen und seelischen Krankheiten, die medinzinisch kaum oder gar nicht zu erklären sind. Heute wird der Plazebo-Effekt von religiösen

179 Ebenda, S. 54-68.

180 A. Grabner-Haider, Das Laienchristentum. Darmstadt 2007, S. 101-110.

181 M. und U. Tworuschka, Religionen der Gegenwart, S. 91-105.

Überzeugungen und Lehren auch von Medizinern allgemein sehr hoch eingeschätzt, was empirisch auch jederzeit zu erweisen ist.[182]

Religion als Lebenselixier

Der christliche Glaube ist stark mit den Dynamiken der Hoffnung verbunden. Jesus hatte die Jünger gelehrt, an das kommende Reich Gottes zu glauben und auf seine Verwirklichung zu hoffen. Mit dieser starken Hoffnung engagierten sich die frühen Christen für mehr soziale Gerechtigkeit in ihren kleinen Lebenswelten, für die Erhaltung des Friedens und für die Versöhnung der Gegner. Die Jesusbewegung glaubte daran, dass eine bessere Lebenswelt für alle Menschen möglich ist, dass die Armen nicht Not leiden müssen und die Schwachen nicht unterdrückt werden. Später wurde die Hoffnung auf ein Leben nach dem Tod geweckt, auf ein Leben in der göttlichen Welt, auf die Auferstehung der Toten. So war das Christentum von den Anfängen an eine starke Hoffnungsbewegung.[183]

Die Hoffnung auf die Vollendung des Lebens in der göttlichen Welt hat Millionen von Christen geholfen, die schwierigsten Lebenssituationen zu bestehen. Dieser Hoffnung folgten die Soldaten in den Kriegen, die Gefangenen in den Konzentrationslagern und im Archipel Gulag. Der Marxist Ernst Bloch wollte das Christentum um diese unbändige Kraft der Hoffnung beerben (Prinzip Hoffnung). Denn er wusste, dass wir Menschen ohne diese Hoffnungsdynamik gar nicht überleben können. Die Religion stellt uns viele Hoffnungsbilder bereit, an denen wir unsere Überlebenskraft stärken können. Die Denkmodelle der sozialen Utopisten (Thomas Morus, Tommaso Campanella) haben deutlich zur Verwirklichung gerechterer Gesellschaften beigetragen.[184]

Freilich konnte die christliche Hoffnung von Diktatoren und Tyrannen auch vielfältig missbraucht werden. Denn mit dieser religiös motivierten Hoffnung wurden auch große Kriege geführt und umfassende Zerstörungen angerichtet. Es ist das Geschenk der kritischen Vernunft, die uns hilft, die positiven und die negativen Folgen unserer Hoffnung realistisch einzuschätzen.[185]

182 H. Küng, Das Christentum 58-77. R. Vaas / M. Blume, Gott, Gene und Gehirn, S. 129-145.

183 A. Grabner-Haider, Das Laienchristentum, S. 105-116.

184 M. und U. Tworuschka, Religionen der Gegenwart, S. 72-84.

185 Ebenda, S. 84-92.

Religion als sozialer Kitt

Die frühen Jesusjünger wussten sich durch ihr moralisches Programm eng miteinander verbunden. Bei ihnen konnten Juden und Griechen, Männer und Frauen, Freie und Unfreie Aufnahme finden. Was sie zusammenhielt, waren ihre moralischen Zielwerte und ihre Lebensform. Jesus soll gesagt haben: „Wer nicht gegen mich ist, der ist für mich". Wir erkennen hier eine große Offenheit für viele Überzeugungen. Der Zusammenhalt wurde verstärkt durch das Vertrauen in den göttlichen Vater, später in den Weltgott aller Menschen. Die frühen christlichen Gemeinden verwirklichten diesen sozialen Zusammenhalt, sie lebten auf ein gemeinsames Ziel hin, denn sie hofften auf das Reich Gottes.[186]

Diese frühen Gemeinden lebten in einer großen Vielfalt der Überzeugungen, aber sie wurden durch ein gemeinsames Bekenntnis zu Jesus Christus zusammengehalten. Mit der Entstehung des Reichschristentums veränderte sich die Situation, von jetzt an wurde der Zusammenhalt der christlichen Gemeinden durch die römische Staatsgewalt erzwungen, es entstand ein einheitliches Christentum der politischen Herrschaft. Doch durch diesen erzwungenen Zusammenhalt wurde in Europa eine einheitliche christliche Kultur geprägt. Freilich wurde durch diese monopolhafte Vereinheitlichung der Religion die Toleranz des Fremden weitgehend beendet. Der bisher freiwillige Zusammenhalt der Christen wurde durch den staatlichen Zwang abgelöst, damit hatte sich das Christentum fundamental verändert.[187]

Doch den Zusammenhalt der christlichen Kultur bildete weiterhin der Glaube an Jesus Christus und an sein moralisches Lebensprogramm. Damit wurden gemeinsame Lebenswerte in ganz Europa und darüber hinaus verbreitet, es entstand eine weltumspannende christliche Lebenswelt. Durch die Mission auf fremden Kontinenten wurden christliche Lebenswerte verbreitet und eingewurzelt. Freilich kam mit dem Monopolanspruch auf Wahrheit auch die Intoleranz in fremde Lebenswelten. Doch heute nähern sich die meisten christlichen Kirchen wieder der Toleranz der Anfänge und den Lebenswerten der frühen Jesusbewegung. Denn darin finden sich auch die Zielwerte der griechischen Philosophie.[188]

---

186 H. Küng, Das Christentum, S. 72-85.

187 A. Grabner-Haider, Das Laienchristentum, S. 101-122.

188 M. und U. Tworuschka, Religionen der Gegenwart, S. 90-99.

Religion als moralische Orientierung

Das frühe Christentum verstand sich auch als Lernschule von moralischen Grundwerten des Zusammenlebens, dabei wurden jüdische und griechische Lebenswerte verbunden. Die Stoiker hatten gelehrt, dass von der Natur her (*ek physei*) alle Menschen denselben Wert hätten, Männer und Frauen, Freie und Unfreie, Griechen und Nichtgriechen. Diese Lehre übernahmen die frühen Christen (Gal 3,28), sie dachten und lebten kulturübergreifend. Denn die Grundwerte des Zusammenlebens sollten für alle Menschen dieselben sein. Es ging um die Verwirklichung der Nächstenhilfe, der Solidarität mit den Armen, der sozialen Gerechtigkeit, der Versöhnung der Gegner und der Bewahrung des Friedens. Dazu kam die „Goldene Regel“ der Moral, die in der antiken Kultur weitgehend bekannt war.[189]

Hier wurden die Grundwerte der griechischen Moral mit den Morallehren der jüdischen Bibel (10 Gebote) verbunden und gelebt. Die frühen Christen waren eine Gemeinschaft des moralischen und des sozialen Lernens, sie organisierten in ihren Gemeinden die Armenhilfe und die Betreuung der Kranken. Damit bekamen sie vor allem in den Städten eine große Ausstrahlungskraft, ihre Lebensform wurde durch freie Überzeugungsarbeit weitergegeben. Im Reichschristentum übernahmen die Bischöfe in den Städten die Armenvorsorge, sie bauten Häuser für Obdachlose und nahmen Flüchtlinge auf. Im Mittelalter entstanden eigene Orden für die Betreuung der Armen (Bettelorden) und der Kranken (Pflegeorden). Der soziale Zusammenhalt war durch eine gemeinsame Lehre, durch Riten und durch Moralregeln gegeben.[190]

Durch die rationale Aufklärung in Europa wurden aber viele Fehlformen der christlichen Moral erkannt, die sich als Folgen des Herrschaftschristentums zeigten. Jetzt kamen wieder die Moralnormen der antiken Kultur der Griechen und Römer (Stoiker, Kyniker) in das Blickfeld, doch die grundsätzliche Egalität aller Menschen war politisch nur schwer durchzusetzen. Es entstanden in Europa sozialistische Bewegungen, die mehr an sozialer Gerechtigkeit verwirklichen wollten. Es bildeten sich die pazifistischen Strebungen, welche den Krieg ächten und damit überwinden wollten. Heute wird das Herrschaftschristentum fast weltweit durch ein Christentum der persönlichen Verantwortung abgelöst. Aus dieser Sicht

189 K.H. Ohlig, Religion in der Geschichte der Menschheit, S. 247-258.
190 A. Grabner-Haider, Das Laienchristentum, S. 122-134.

haben die christlichen Kirchen noch viele soziale Potentiale, die noch nicht verwirklicht sind.[191]

Religion als Daseinsdeutung

Durch den Glauben an Jesus Christen bekommen die Christen eine feste Orientierung für ihr Leben, sie deuten ihre Welt im Bezug auf das Göttliche und Heilige. Grundsätzlich wird darin die Welt positiv bewertet, denn sie sei von einem guten Weltgott geschaffen und weise eingerichtet. Die Menschen verstehen sich darin als die Hüter und Bewahrer der göttlichen Schöpfung, sie müssen ihre zerstörerischen Potentiale gering halten. Das Leben der frühen Christen hatte einen festen Sinn und eine klare Aufgabe, sie sollten in ihrem Leben die göttlichen Gebote verwirklichen. Sie folgten dem göttlichen Willen und konnten damit in großen Katastrophen überleben. Freilich haben sie auch aktiv zu vielen dieser Katastrophen (Kriege) beigetragen.[192]

Mit dem Aufkommen der Naturwissenschaften und mit der rationalen Aufklärung war eine naive Sicht der Weltordnung nicht mehr möglich. Nun waren auch die Christen zu großen kulturellen und moralischen Lernschritten gezwungen. Sie mussten erkennen, dass die Daseinsdeutung auch ganz ohne Religion erfolgen konnte (Atheisten), dass viele Zeitgenossen den christlichen Lehren mit starker Überzeugung nicht mehr folgen konnten. Seither sind viele Christen in den Dialog mit Atheisten und Agnostikern eingetreten, und sie lernen eine Lebensdeutung im Dialog mit anderen Überzeugungen. Sie müssen erkennen, dass ihre religiöse Daseinsdeutung eine unter vielen anderen Deutungen ist. Aber sie sind davon überzeugt, dass religiöse Lehren ihren Stellenwert behalten werden, auch in modernen und postmodernen Zeitsituationen.[193]

Religion als Zeitbombe

Auch das Christentum hatte und hat weiterhin viele zerstörende Potentiale, die heute sehr realistisch gesehen werden müssen. Schon in der Jesusbewegung gab es offentlichlich auch Apokalyptiker und Gewaltmenschen, sie bildeten eine Minderheit. In der frühen Kirche gab es aber apokalyptische

191 H. Küng, Das Christentum, S. 58-71.
192 M. und U. Tworuschka, Religionen der Gegenwart, S. 98-105.
193 H. Küng, Das Christentum, S. 889-898.

Gruppen, die das römische Imperium mit Gewalt bekämpfen wollten (Apokalypse des Johannes). Ein stark aggressives Potential sehen wir in der Deutung des Todes Jesu als „Sühneopfer“ für einen zornigen Gott. Aber die große Mehrheit der frühen Christen dürfte friedvoll und sozial gerecht gelebt haben. Doch fanatische Christen verweigerten das römische Kaiseropfer und gingen als Martyrer des Glaubens freiwillig in den Tod.[194]

Der Bezug auf die Martyrer brachte einen aggressiven Zug in die christliche Lehre, doch dieser war schon mit dem Kreuzestod Jesu im Ansatz gegeben. Denn schon früh wurde den toratreuen Juden die Schuld am Tod Jesu gegeben, damit waren Impulse der Rache verbunden. Doch den Martyrern wurde gesagt, dass ihre Seelen sofort nach dem Tod in die göttliche Welt kommen werden. Nach heutigen Zählungen sind in 300 Jahre ca. 1.500 bis 3.000 Christen als Martyrer gestorben, doch die Verehrung der Martyrer enthielt von Anfang an starke Potentiale der Rache und der Gewalt.[195]

Mit der gewaltsamen Durchsetzung des römischen Reichschristentums ab 380 n.Chr. wurde unter den Klerikern, aber auch bei einigen Laienchristen die Gewaltbereitschaft deutlich verstärkt. Denn nun kämpften die christlichen Kaiser mit den Soldaten gegen Christen, die von den Reichsbischöfen als „Häretiker“ eingestuft wurden. Ihnen wurde ab 411 n.Chr. die Todesstrafe angedroht, bereits 385 waren Christen in Trier (Priscillianisten) von Christen getötet worden. Gleichzeitig wuchs die Aggressivität gegen die Verehrer der römischen und der griechischen Götter, denn diese durften fortan öffentlich nicht mehr geehrt werden. Die tickende Zeitbombe wurde deutlich verstärkt.[196]

Bald wurden auch die Anhänger der alten Volksreligion als „Heiden“ (*pagani*) verfolgt, die Häretiker mussten ausgeforscht und verurteilt werden (*inquisitio*). Es begannen die Kriege der Fürsten im Namen des christlichen Reichsgottes gegen die Armutsbewegungen, die Katharer, die Waldenser und viele andere wurden gnadenlos verfolgt. Bald folgten die Kriege der christlichen Heere gegen die Länder der Moslems (Kreuzzüge), das Land Palästina sollte von den Christen wieder erobert werden. Im Mittelalter verfolgten die Bischöfe und die Fürsten, die Päpste und die Könige in allen christlichen Ländern gemeinsam die Häretiker und die Ketzer, die

194 G. Theißen, Die frühen Christen, S. 135-152.

195 A. Grabner-Haider (Hrsg.), Kulturgeschichte des frühen Christentums, S. 110-119.

196 Ebenda, S. 138-147.

Gerichte der Inquisition wurden eingerichtet. Die Opfer dieser Gerichte sollten auf den Scheiterhaufen verbrannt werden. Der Papst Innozenz III. rief zur Verfolgung der Hexen auf, zwei Dominikaner schrieben das große Verfolgungsbuch (*Hexenhammer*).[197]

Nach heutigen Schätzungen wurden zwischen 100.000 und 500.000 Personen auf den christlichen Scheiterhaufen verbrannt. Die zweite Blutspur der christlichen Religion zieht sich durch die Geschichte der großen Kriege, die religiös motiviert und legitimiert waren. Mit dem Reichschristentum wurde Jesus Christus zum „Allesbeherrscher“ (Pantokrator), er schenkte den christlichen Heeren fortan die Siege und brachte ihnen die Niederlagen. Auch die Gottesmutter Maria und der Erzengel Michael wurden von den Kriegern ständig um Hilfe angerufen. Das Christentum war zu einer hoch aggressiven Religion geworden, fremde Religionen sollten ausgelöscht werden.[198]

Durch die Reformation Martin Luthers kämpften bald die katholischen Fürsten gegen die protestantischen Landesherren. Die Folge waren lange Religionskriege (30-jähriger Krieg), die zur Verwüstung großer Landstriche in Europa führten. Gleichzeitig ging die christliche Aggression gegen die Kulturen Lateinamerikas und Afrikas weiter, denn die Päpste lehrten seit dem 15. Jahrhundert (Martin V.), dass alle Länder der Erde den Christen gehörten und dass Nichtchristen gar kein Land besitzen durften. Mit diesen Lehren wurden alle christlichen Kolonialreiche legitimiert und abgesichert.[199]

Doch ab dem 19. Jahrhundert richteten die christlichen Völker verstärkt ihre Aggression gegeneinander, der Nationalismus befeuerte diese hohe Kampfbereitschaft und geistige Aufrüstung. Ihren Höhepunkt aber fand die gegenseitige christliche Agression in den beiden Weltkriegen, wo christliche Völker über viele Jahre gegeneinander kämpften und wo es über 80 Millionen Kriegstote gab. Die christlichen Kirchen trugen diese Kriege voll mit, sie waren an der geistigen und moralischen Aufrüstung führend beteiligt. Doch diese Kriege und der Holocaust zeigten gleichzeitig den Zusammenbruch des Herrschaftschristentums an. Denn mit den beiden Weltkriegen war die tickende Zeitbombe der christlichen Reichsreligion voll expoldiert.[200]

---

197 H. Küng, Das Christentum, S. 691-702.

198 Ebenda, S. 725-742.

199 H.G. Stobbe, Religion, Gewalt und Krieg. Stuttgart 2010, S. 216-229.

200 Ebenda, S. 240-255.

Dies hatten die Kirchenleitungen zuerst gar nicht bemerkt. Doch seit diesen Katastrophen haben sich vor allem die Laienchristen mit großer Mehrheit von diesem hoch aggressiven Herrschaftschristentum abgewendet. Sie orientieren sich heute wieder mehrheitlich am frühen Christentum und leisten weltweit Friedensarbeit, sie setzen auf die allgemeinen Menschenrechte, auf demokratische Prozesse und auf den Rechtsstaat für alle Menschen. Der jüdische Philosoph Emmanuel Levinas hatte die Christen dazu aufgefordert, das infantile „Gehorsamschristentum" zu beenden und zu einem erwachsenen Christentum der „persönlichen Verantwortung" zurückzufinden.

Die Religion des Islam

In vielen islamischen Ländern erleben wir heute tagtäglich die Funktion der Religion als Zeitbombe. Zunächst soll kurz die Entstehungsgeschichte dieser monotheistischen Weltreligion nachgezeichnet werden, ihr gehören heute ungefähr 1,4 Milliarden Menschen an. Entstanden ist diese Religion im 7. Jahrhundert in Arabien, im Austausch mit dem Judentum und dem Judenchristentum. Von ihnen hat auch der Islam den Glauben an nur einen Weltgott (Allah) und den Monopolanspruch auf Wahrheit übernommen.

In Arabien waren vor der Reform des Muhammad viele Stammesreligionen lebendig, die einzelnen Sippen und Stämme verehrten viele weibliche und männliche Schutzgötter und hatten ihre festen Steinheiligtümer. Die meisten dieser Stämme lebten als Hirtennomaden und als Viehzüchter, nur wenige waren sesshafte Ackerbauern und hatten Dörfer und kleine Stadtsiedlungen. Ihre Handelsbeziehungen gingen bis Persien, Äthiopien und in das Byzantinischen Reich. In einigen Stadtsiedlungen lebten auch Juden und Judenchristen.[201]

Im 7. Jahrhundert gab es in einigen Städten bereits Anhänger eines einzigen Weltgottes (Hanifen). Der Prophet Muhammad war zuerst ein Händler und schloss sich den Hanifen an, später trennte er sich mit seinen Anhängern von ihnen und musste 622 seine Stadt Mekka verlassen (Hidschra). Er siedelte mit seinen Anhängern in der Stadt Medina, wo viele Juden und Judenchristen lebten. Im Austausch mit ihnen konzipierte er

201 K. Prenner, Die Stimme Allahs. Religion und Kultur des Islam. Graz 2002, S. 24-36.

seine Religionsform, die er in vielen Reden darlegte, dabei bezog er sich auf göttliche Offenbarungen. Er übernahm von den Juden Gebetsformen, Fastenzeiten und Religionslehren, eine Zeitlang betete er mit seinen Anhängern in die Richtung der heiligen Stadt Jerusalem. Als die Juden ihn mehrheitlich ablehnten, betete er wieder in die Richtung des alten Steinheiligtums der Kaaba.[202]

In seine Predigten baute er fortan jüdische und christliche Lehren ein, er sprach über Adam und Eva, über Abraham, Ismael und Josef, über Jesus und Maria. Seine Reden wurden von seinen Anhängern zum Teil aufgeschrieben, zum Teil auswendig gelernt und mündlich weitergegeben. Denn aus diesen Predigten entstand nach seinem Tod das heilige Buch, der Koran. Aber auch seine anderen Lehren und Gebote wurden gesammelt (Hadith), sie bildeten nach seinem Tod die Grundlagen seiner neuen Religion. Die erste Biographie über den Propheten wurde um 750 n.Chr. von Ibn Ishaq verfasst.[203]

In Medina bildete der Prophet seine erste muslimische Gemeinde (umma), denn die Moslems waren die, welche sich im Glauben an den Weltgott Allah hingaben. Die Bezeichnung „Islam" bedeutet Hingebung an den einen Gott. Die früheren Schutzgötter wurden zu bösen Dämonen (*dschin*) degradiert, sie durften nicht mehr verehrt werden. Der Weltgott war fortan nur mehr männlich, er hatte alle weiblichen Dimensionen verloren, denn Allah hat keine Söhne und keine Töchter, auch keine Frau. In Medina entstand die erste Gemeindeordnung (*sharia*) für die Moslems, dabei wurden die alten Sippengrenzen aufgehoben. Hier wurde der Prophet zu einem Heerführer, denn viele Krieger und Söldner aus Persien und dem Byzantinischen Reich schlossen sich ihm an.[204]

In dieser Zeit kämpften die beiden Großreiche der Perser und der Byzantiner gegeneinander, die Schlacht bei Ninive (627 n.Chr.) ging unentschieden aus. Die Heere der Perser und der Griechen lösten sich weitgehend auf, die arabischen Söldner aus beiden Heeren schlossen sich dem Propheten an. Nun kämpften sie gegen die Stadt Mekka, die sich ihnen 630 n.Chr. kampflos ergab. Damit konnte der Prophet und Heerführer in seine Stadt zurückkehren, er setzte auch dort den Islam als neue Religion durch. Zwei Jahre später starb er, aber die Eroberungen gingen nach seinem Tod weiter. Bald hatten sich alle Stämme Arabiens dem Islam angeschlos-

202 Ebenda, S. 32-43.

203 G. Endreß, Der Islam in Daten. München 2006, S. 22-28.

204 K. Prenner, Die Stimme Allahs, S. 39-48.

sen und in weniger als zehn Jahren wurden drei griechische Provinzen (Syrien, Palästina und Ägypten) und das ganze Reich der Perser von den moslemischen Kriegern erobert.[205]

Mit der neuen Religion wurden die Stämme Arabiens zu einer politischen und militärischen Einheit zusammengeschlossen, die alten Schutzgötter durften öffentlich nicht mehr verehrt werden. Der Gott Allah zog den Kriegern und Kämpfern voran und schenkte ihnen die Siege über ihre Gegner. Neu waren nun das tägliche Gebet zu Allah, der Fastenmonat Ramadan, die Almosenabgabe (*zakat*), und die Gemeinschaft aller Glaubenden (*umma*). Die Wallfahrt führte weiterhin zur Kaaba, aber dort wurden alle Bilder der bisherigen Schutzgötter zerstört, denn Allah durfte nicht mehr abgebildet werden.[206]

Die siegreichen Heere setzten den Krieg (*dschihad*) weiter fort, die Nachfolger des Propheten als Heerführer waren Abu Bakr, Utman, Omar und Ali, sie eroberten große Teile Nordafrikas, Zentralasiens und Westindiens, Allah schenkte ihnen die Siege über ihre Gegner. Toleriert wurden in der neuen Religion die Juden, die Christen und die Parsen, denn sie waren Buchreligionen. Aber sie mussten zu ihrem Schutz eine höhere Kopfsteuer zahlen als die Moslems, dadurch sind viele Christen und Parsen zum Islam übergetreten. Im Jahre 711 n.Chr. hatten die siegreichen Heere der Moslems bereits das christliche Spanien (Reich der Westgoten) erreicht.[207]

Nach dieser Zeit der Eroberungen wurden die besiegten Länder in einem Khalifat und in verschiedenen Emiraten verwaltet und politisch stabilisiert. Die Khalifen erkannten den Kulturvorsprung der Griechen und ließen über 300 Jahre lang die wichtigsten Werke der griechischen Philosophie, Medizin und Naturkunde ins Arabische und ins Persische übersetzen. Damit kam es zu einem breiten Kulturaustausch zwischen der arabischen, der griechischen und der persischen Kultur, die Moslems erreichten sogar einen Kulturvorsprung vor den Christen, der fast 500 Jahre dauerte.[208]

In den größeren Städten richteten die Moslems fortan Koranschulen ein, wo die Lehren des Propheten auswendig gelernt wurden. Gleichzeitig bildete sich eine arabische Schriftkultur, die es bisher nicht gegeben hatte. Es wurden Schulen des islamischen Rechts und der Theologie (Madrasa) eingerichtet, dort wurden die Vorbeter und die Prediger, die Rechtsgelehr-

205 G. Endreß, Der Islam in Daten, S. 22-28.
206 K. Prenner, Die Stimme Allahs, S. 51-59.
207 G. Endreß, Der Islam in Daten, S. 24-29.
208 K. Prenner, Die Stimme Allahs, S. 63-70.

ten und die Richter ausgebildet. Gelehrt wurden auch Astronomie, Mathematik, Physik, Medizin, Logik, die Ziffer Null kam von Indien über Persien zu den Arabern. Es entstanden vier große Rechtsschulen, die Shafiiten, die Malikiten, die Hanbaliten und die Hanafiten, damit wurde eine islamische Rechtskultur geschaffen.[209]

Nach der Zeit der Eroberungen lebten die meisten Moslems friedvoll zusammen, allerdings unter der strengen Herrschaft der Khalifen und der Emire. Es wurden keine neuen Länder mehr erobert, doch vom 11. bis zum 13. Jahrhundert wurden die Moslems von den christlichen Kreuzfahrern angegriffen. Diese wollten das Land Palästina wieder erobern. Im 13. Jahrhundert wurden große Teile der islamischen Welt von den Mongolen erobert, doch danach gelang es den Turkvölkern, ein neues Reich (Osmanisches Reich) aufzubauen, das bis 1924 Bestand hatte. Im Jahr 1453 war Konstantinopel von den Osmanen erobert worden, große Teile Südost-Europas kamen für 400 Jahre unter osmanische Herrschaft.[210]

Ab dem 10. Jahrhundert rangen arabische und jüdische Philosophen um eine Verbindung zwischen den Lehren der Philosophie (*falsafa*) und den Lehren des islamischen Glaubens (*kalam*). Sie diskutierten über das Wesen der Gottheit, über den freien Willen und über die Unsterblichkeit der Menschenseele.[211] Doch ab dem 13. Jahrhundert beanspruchten die Theologen die alleinige Deutungshoheit des Lebens, die Philosophie musste sich den Lehren des Koran unterordnen. Damit verfiel die islamische Wissenschaft, und die christliche Kultur überholte ab dem 16. Jahrhundert im Bereich der Naturerkenntnis die gesamte islamische Welt. Ab dem 19. Jahrhundert kamen viele islamische Länder unter die christliche Kolonialherrschaft.[212]

Heute ringen im Islam weltweit zwei konträre Bewegungen um die Dominanz. Die Vordenker eines liberalen Islam wollen von der westlichen Kultur die Formen der Demokratie, des Rechtsstaates, die allgemeinen Menschenrechte und die Religionsfreiheit erreichen. Sie glauben, dass eine Verbindung der westlichen Kultur mit der islamischen Religion möglich sei. In Europa ist bereits ein Euro-Islam im Entstehen.[213]

Doch die fundamentalistischen Bewegungen (Wahhabiten, Salafisten, Moslembrüder) wollen dies mit allen Mitteln verhindern. Sie nehmen

209 Ebenda, S. 76-85.

210 G. Endreß, Der Islam in Daten, S. 33-42.

211 Ebenda, S. 40-48.

212 K. Prenner, Die Stimme Allahs, S. 213-229.

213 B. Tibi, Euro-Islam. Darmstadt 2008, S. 23-39.

das Maß allein an der Zeit des Propheten und wollen neue „Gottesstaaten“ mit dem alten Stadrecht von Medina (*sharia*) durchsetzen. Sie führen den Kampf um die Herrschaft mit den modernsten Waffen, die ihnen die westlichen Länder geliefert haben. Fanatische islamische Kämpfer sprengen sich dabei selbst in die Luft, um viele ihrer Gegner mit in den Tod zu reißen. Hier ist die Funktion der Zeitbombe in der islamischen Religion erschreckend deutlich geworden. Denn die Kämpfer verstehen sich als Martyrer des Glaubens, die nach dem Tod sofort ins himmlische Paradies gelangen.[214]

Religion als Sedativum

Der Islam gibt den Glaubenden viel Vertrauen in den Weltgott Allah und ein Gefühl der Sicherheit in der Welt. Denn Allah hat die Welt erschaffen und weise geordnet, es ist gut für die Menschen, in dieser Welt leben zu dürfen. Alle Menschen haben von Gott eine Aufgabe zugeteilt bekommen, die sie erfüllen müssen. Er begleitet sie mit seinem Schutz und Segen (*barak*). Die Glaubenden ergeben sich ihrem Schutzgott (*islam*), sie verehren ihn und rufen ihn mit 99 großen Titeln an. Er ist für sie der Barmherzige, der Gütige, der Alleswissende, der Allesköhnnende. Wenn die Menschen seinen Geboten und Vorgaben folgen, dann sind sie auf einem guten Weg und haben nichts Böses zu befürchten. Und am Ende ihres Lebens wird ihnen das göttliche Paradies versprochen, ein grüner Garten mit Wasser und Früchten und voller Sinnlichkeit.

Doch die Menschen, die sich von den Geboten Allahs und des Propheten abwenden, kommen nach dem Tod an einen Ort der Strafe und des Feuers (Hölle). Dort müssen sie heißes Wasser trinken und viele Leiden ertragen. Denn Allah hat einen bösen Gegenspieler, nämlich den abgefallenen Engel Iblis, der zum Teufel wurde und die Menschen zu bösen Taten verführt. Doch alle, die im Glauben an Allah fest stehen, werden die Lüge, den Raub und den Mord vermeiden. Aber das ganze Leben ist eine Prüfung der Menschen durch Gott selbst, jedoch dürfen sie auf seine Hilfe vertrauen.[215]

Daher müssen die Glaubenden täglich fünfmal das Gebet zu Allah verrichten, sie müssen sich auf den Boden werfen und bekennen, dass Allah der einzige Weltgott ist. Jede Woche sollen sie zum gemeinsamen Gebet und zum Hören des Koran zusammenkommen, im Fastenmonat Ramadan

214 K. Prenner, Die Stimme Allahs, S. 270-281.

215 B. Tibi, Euro-Islam, S. 65-81.

müssen sie die Fastengebote befolgen, und am Ende des Fastens müssen sie die Almosensteuer (*zakat*) für die Armen abgeben. Aber sie sollen ständig den Armen und Notleidenden helfen, von den Ungläubigen müssen sie sich fernhalten. Die Menschen sind die Stellvertreter Gottes in der Welt, sie müssen die Erde bebauen, sie dürfen die Tiere nutzen, aber sie dürfen die Erde und ihre Umwelt nicht zerstören.

Mit diesem Glauben können die meisten Moslems ein ruhiges Leben führen, denn Allah leitet sie. Folglich können sie fast jedes Schicksal ertragen, denn sie sind überzeugt, dass es von Allah geschickt worden ist. Sie sind sich sicher, dass sie von schützenden Engeln begleitet werden. Aber sie müssen den Glauben an ihren Schutzgott bewahren und an andere Menschen weitergeben. Vom rechten Glauben abzufallen, ist ihnen streng verboten, denn sie gehen auf das göttliche Gericht zu. Den Tod müssen sie als den göttlichen Willen annehmen, wann immer er kommen mag.[216]

Damit haben die meisten Moslems ein tiefes Vertrauen in den Schutzgott Allah. Für sie ist die weltliche Herrschaft von Gott eingesetzt, ihr müssen die Menschen gehorsam folgen. Insgesamt stiftet der religiöse Glaube für die Menschen viel an Zuversicht und bietet Schutz und Geborgenheit.[217]

Religion als Plazebo

Auch der Islam entfaltet für die Menschen viele heilende Kräfte, er gibt den Leidenden Zuversicht und Hoffnung. Denn alle Leiden und Krankheiten werden von Allah geschickt, als Prüfung des Glaubens, aber die Kranken dürfen um Heilung bitten. Sie sollen sich anstrengen, um ihre Leiden zu vermindern. Schon die alten Stammesreligionen hatten viele Heiler und Heilerinnen, die auch im Islam weiterwirken. Jetzt geht es darum, die Kranken und Leidenden von bösen Dämonen zu befreien und dem Teufel eine klare Absage zu erteilen.

Die Heiler rufen die göttlichen Kräfte auf den Kranken herab und bitten Allah um Hilfe und Heilung. Wenn er aber die Heilung verweigert, müssen die Menschen ihre Krankheit und auch den frühen Tod als göttlichen Willen annehmen. Die Kranken glauben daran, dass sie durch das Leiden moralisch geläutert werden und dass sie nach dem Tod in das himmlische Paradies gelangen. Ab den 8./9. Jahrhundert n.Chr. wurden die Medizinschriften der Griechen ins Arabische übersetzt, seither wurde auch em-

216 M. Khorchide, Islam ist Barmherzigkeit. Freiburg 2013, S. 34-48.

217 K. Amirpur, Den Islam neu denken. München 2014, S. 35-48.

pirisches Heilwissen verbreitet und angewendet. Damit entwickelten die Moslems eine hohe Heilkunst, die dem Heilungswissen der Christen weit überlegen war.[218]

Allerdings gab es auch die fundamentalistischen Theologen (*kalam*), welche die Anwendung der empirischen Heilkunst verbieten wollten. Denn sie sahen darin einen Eingriff in den göttlichen Weltplan, der den Menschen nicht erlaubt ist. Doch die Mehrheit der Moslems folgte auch der empirischen Heilkunst, sie wurden von den Lehrern zu einem gesunden und weisen Leben angehalten. Daher dürfen sie keinen Alkohol trinken, kein Nikotin rauchen, sie müssen maßvoll essen und trinken. Denn Allah will die Gesundheit der Menschen, nicht die Krankheit und den frühen Tod.

So wirkte sich der Glaube an die heilenden Kräfte des Gottes Allah sehr positiv auf die Lebensführung der Moslems aus, sie sollten den Körper und die Seele gesund erhalten. Die Kranken rufen Gott um Hilfe und um Heilung an, denn sie vertrauen auf seine Güte und Barmherzigkeit. Aber sie lernen auch, ein unheilbares Leiden als göttlichen Willen anzunehmen. Insgesamt birgt auch der islamische Glaube viele heilende Kräfte und Dynamiken, auf welche die Glaubenden zu jeder Zeit zurückgreifen können.[219]

Religion als Lebenselixier

Der Islam gibt den Glaubenden viele Potentiale der Hoffnung und der Lebenskraft. Alle Menschen haben von Gott eine bestimmte Aufgabe zugeteilt bekommen, daher bitten sie Allah um die Kraft, diese Aufgabe auch erfüllen zu können. Sie glauben, dass Gott ihnen zur Seite steht und dass ihnen nichts Böses widerfahren kann. In Zeiten der Not und des Hungers konnten sie glauben, dass Gott ihnen helfen und sie aus Notlagen befreien wird. Sie rufen zu ihm um Hilfe und bitten ihn um die Rettung aus der Not. Gleichzeitig strengen sie sich selbst an, ihre Notlage zu beenden. Sie ringen um Befreiung, wenn sie in Gefangenschaft geraten sind. Oder sie mühen sich um eine gerechtere Lebensordnung für alle.

Von ihren Lehrern und Predigern lernen sie, dass Allah ein starker Gott ist, der den Glaubenden die Siege über alle Feinde geben wird. Sie sind überzeugt, dass ihnen Gott in allen Lebenslagen beistehen wird. Allerdings müssen sie sich anstrengen, um ein moralisch gutes Leben zu führen. Der

218 K. Amirpur, Den Islam neu denken, S. 66-78.

219 M. Khorchide, Islam ist Barmherzigkeit, S. 112-128.

Glaube gibt ihnen viel innere Kraft, um Demütigungen und Unterdrückungen zu beenden.[220]

Dic Glaubenden haben die volle Erlaubnis, ihr Leben zu genießen und sich der Geschenke Allahs zu erfreuen. Freilich können Reiche und Wohlhabende viel mehr an Lebensglück erleben als Arme und Notleidende, aber das sei der Wille Gottes. Doch alle dürfen sich an ihrer Sinnlichkeit und Sexualität erfreuen, wenn sie dabei die göttlichen Gesetze einhalten. Damit hat der Islam eine hohe erotische Kultur entwickelt. Doch eine Gleichwertigkeit der Geschlechter ist noch lange nicht erreichbar, weil der Islam eine strikt patriarchale Kultur spiegelt.

Grundsätzlich gibt der religiöse Glauben den Menschen viel Mut und Kraft zum Leben, er stärkt die Hoffnung auf glückliche und bessere Zeiten. Deswegen engagieren sich die Glaubenden für eine gerechte Welt in ihrem kleinen Umfeld, sie sind zur Solidarität mit den Armen verpflichtet. Der starke Glaube an die göttliche Hilfe lässt sie auch die schwierigsten Lebenssituationen gut bestehen.[221]

Religion als sozialer Kitt

Der Islam hat von seinen Anfängen an die arabischen Sippen und Stämme politisch und militärisch eng miteinander verbunden. Schon vorher waren die Stämme durch Bündnisse untereinander vernetzt, doch der Prophet Muhamad schuf (ähnlich wie das Judentum und das Christentum) eine einheitliche Glaubensgemeinschaft und Lebensordnung. Die meisten Stämme schlossen sich freiwillig dieser neuen und siegreichen Lehre an, einige Stämme wurden mit Gewalt dazu gezwungen. Fortan wurden die alten Stammesgrenzen relativiert, alle Sippen gehörten zur einen Glaubensgemeinschaft (*umma*), für sie galten die gleichen Lebensregeln. Ein starker Glaube an den Gott Allah hielt die Krieger zusammen, dadurch wurden die großen Eroberungen möglich.

Fortan wurde die neue Religion einheitlich organisiert, an allen Orten, Dörfern und Städten wurden Koranschulen eingerichtet, dort wurden die Erwachsenen und später schon die Kinder in der neuen Lehre unterrichtet. Die Endredaktion des heiligen Buches „Koran" erfolgte erst 30 Jahre nach dem Tod des Propheten, vorher wurden seine Lehren mündlich weitergegeben. Gleichzeitig wurden in den größeren Siedlungen Schulen (Madrasa)

220 B. Tibi, Euro-Islam, S. 66-81.
221 M. Khorchide, Islam ist Barmherzigkeit, S. 38-49.

für die Prediger und Vorbeter (Imame), für die Rechtslehrer, die Theologen und die Richter eingerichtet. Mit dem Glauben an den einzigen Schutzgott Allah wurde eine einheitliche islamische Kultur geschaffen.[222]

Fortan wussten sich alle Moslems miteinander verbunden, es wurde eine zentrale Herrschaft und Verwaltung eingerichtet (Khalifate, Emirate), es galten die gleichen Gesetze, die allerdings in vier Rechtsschulen verschieden ausgelegt wurden. Eine große politische Einheit bildete bis ins 20. Jahrhundert das Osmanische Reich, das erst 1924 beendet wurde. Doch die Moslems sind bis heute in zwei verschiedene bzw. feindliche Konfessionen gespalten, in Sunniten (ca. 88%) und in Schiiten (ca. 12%). Dennoch schaffte der Islam einen religiösen und moralischen Zusammenhalt für alle Muslime, doch eine wirtschaftliche und politische Kooperation ist bis heute nicht gelungen.[223]

Religion als Daseinsdeutung

Der Islam bietet allen Glaubenden eine feste und stabile Sinnwelt für ihr Leben, er gibt dem Dasein jedes Menschen einen Sinn und eine Aufgabe. Die Religion deutet die gesamte Welt, den Kosmos, die Gesellschaft, die Politik und das individuelle Leben, in dieser umfassenden Sinnwelt wissen sich 1,4 Milliarden Moslems geborgen. Denn für sie hat der Gott Allah die Welt erschaffen und weise eingerichtet, die Menschen müssen sich als seine Stellvertreter moralisch bewähren. Allah weiß alles, was in dieser Welt geschieht, alles folgt seinem göttlichen Willen. Manche Theologen lehren, die göttliche Welterschaffung gehe weiter, denn es entstünden ständig neue Pflanzen, Tiere und Sterne. Die gesamte Natur folge den göttlichen Gesetzen, daher könne den Menschen nichts Böses geschehen.[224]

Gebildete Moslems glauben heute, dass sich die Erkenntnisse der Naturwissenschaften und die Aussagen der Religion ergänzen können. Viele von ihnen lesen die Sprache der Religion bildhaft und symbolisch, sie legen den Koran allegorisch aus. Für die Gläubigen wird dieser Kosmos einmal zu Ende kommen, dann werde das göttliche Gericht über alle Menschen folgen. Damit werden alle Glaubenden angeleitet, den Geboten Allahs und seiner Prediger zu folgen und ein moralisch wertvolles Leben zu führen. Das Leben sei grundsätzlich gut, alle Menschen seien zu moralisch

222 B. Tibi, Euro-Islam, S. 142-158.
223 K. Prenner, Die Stimme Allahs, S. 329-341.
224 Ebenda, S. 289-298.

guten Taten fähig. Doch die Übeltäter müssten hart bestraft werden. Ob die den Übeltätern angedrohte Hölle ewig sei oder ob sie zeitlich begrenzt sei, ist unter den Theologen umstritten. Insgesamt aber bietet der Islam seinen Anhängern ein starkes Sinnsystem für ihr Leben.[225]

Religion als moralische Orientierung

Der Islam gibt allen Glaubenden ein festes Regelsystem für das richtige moralische Verhalten und für das praktische Leben. Die moralischen Gebote stammen zum Teil aus der altarabischen Kultur, zum Teil aus dem Judentum und dem Judenchristentum. Sie werden als göttliche Offenbarungen gesehen, die vom Propheten Muhammad den Menschen vermittelt wurden. Dieser sei der letzte und höchste Prophet in einer Reihe von arabischen, jüdischen und christlichen Propheten. Wer diesen moralischen Regeln folgt, darf auf ein gutes Leben hoffen und kann nach seinem Tod göttlichen Lohn erwarten. Wer aber gegen diese Regeln verstößt, wird im göttlichen Gericht mit der zeitlichen oder ewigen Hölle bestraft. Damit versteht sich die islamische Gemeinschaft als ein Ort des moralischen Lernens. Bei jedem Freitagsgebet werden diese moralischen Regeln verkündet.

Es geht darum, dass die Sippen zusammenhalten, dass die Stärkeren den Schwächeren helfen müssen, damit es keinen Hunger und keine Not geben muss. Mit dem Islam wurden die alten Sippengrenzen überwunden, die geforderte Sozialhilfe gilt jetzt allen Glaubenden. Damit sollte eine Mindestversorgung aller Moslems gesichert werden. Doch der große Unterschied zwischen den Armen und den Reichen wurde und wird als Allahs Wille akzeptiert.[226]

Aber es wird gefordert, dass die Reichen ihren Reichtum vor den Armen verbergen müssen, um sie nicht zum Neid zu provozieren. Viele der islamischen Moralregeln stimmen mit den zehn Geboten der jüdischen und der christlichen Bibel überein: Es darf nur ein einziger Gott verehrt werden, die Kinder müssen für ihre Eltern sorgen, Besitz und Eigentum der Einzelnen und der Sippen sind geschützt, die patriarchale Ehe darf nicht verletzt werden, Lügen und falsche Eide sind verboten. Mit diesen Grundregeln ist ein friedvolles Zusammenleben der Sippen und Gruppen möglich und gesichert.[227]

225 B. Tibi, Euro-Islam, S. 67-79.
226 K. Prenner, Die Stimme Allahs, S. 122-137.
227 M. Khorchide, Islam ist Barmherzigkeit, S. 39-51.

Doch im Islam gelten bis heute die moralischen Gebote und die staatlichen Gesetze aus dem 7. Jahrhundert zur Zeit des Propheten. Dies bedeutet, dass die Frauen viel weniger Wert haben als die Männer, dass die patriarchale Ehe als unantastbar gilt, dass Homosexualität verboten bleibt, dass Frauen ihre weiblichen Reize in der Öffentlichkeit verbergen müssen. Da der Islam noch keine rationale Aufklärung zugelassen hat, gibt es in der traditionalistischen Lehre keine allgemeinen Menschenrechte, wohl aber Menschenpflichten. Doch sind in vielen islamischen Ländern soziale und moralische Lernprozesse in Gang gekommen, die allerdings nur langsam vorankommen.[228]

Religion als Zeitbombe

Viele Zeitgenossen erleben heute den Islam, genauer den fundamentalistischen Islamismus, als dauernde und hoch gefährliche Zeitbombe. Denn fast jeden Tag sprengen sich die „Gotteskrieger" in vielen Ländern der Welt im Namen des Gottes Allah in die Luft und reißen viele andere Menschen mit in den Tod. Außerdem gibt diese Religion die starke Motivation zum Kampf gegen Gottesfeinde, auch gegen andersgläubige Moslems (Schiiten gegen Sunniten). Gewiss ist diese Religion im 7. Jahrhundert mit Waffengewalt verbreitet worden, es wurden große Länder von den islamischen Gotteskriegern erobert. Aber danach hat die Religion des Islam sehr stabilisierend auf die eroberten Länder gewirkt. Nach der heiligen Lehre sollen alle Moslems sich bemühen (*dschihad*), den Glauben an Allah zu verbreiten und zu verteidigen.

Für die Islamisten aber heißt *dschihad* vor allem Krieg gegen mögliche „Gottesfeinde", gegen Andersglaubende und gegen Nichtglaubende. Mit diesem Glauben ist eine starke Intoleranz verbunden, das Fremde kann nicht ertragen werden, es muss ausgelöscht werden. So gab es in der islamischen Geschichte viele Kriege zwischen den Emiraten und Khalifaten, zwischen Ländern und Glaubensrichtungen. Das Byzantinische Reich und große Teile Osteuropas wurden erobert, es entstand das Osmanische Reich.[229]

Als im 19. Jahrhundert die Kolonialmächte Europas (England und Frankreich) islamische Länder eroberten und westliche Kultur dorthin bringen wollten, bildeten sich fundamentalistische Bewegungen des Islam

228 B. Tibi, Euro-Islam, S. 141-158.

229 K. Prenner, Die Stimme Allahs, S. 66-83.

(Wahhabiten, Salafiten, Moslembrüder). Sie wollten wieder nach den Gesetzen des Propheten leben, um militärisch und politisch wieder stark zu sein. Heute geht der Islamismus weltweit davon aus, dass die Moslems durch die Befolgung der alten Gebote des Propheten in der ganzen Welt unbesiegbar sein werden. So ist der fundamentalistische Islam zu einer großen Ideologie des Krieges und des Kampfes geworden. Den im Kampf Getöteten wird die Heimkehr in die göttliche Welt versprochen.[230]

Daher lehnen die Islamisten die westlichen Lebenswerte, die allgemeinen Menschenrechte, die Demokratie und den Rechtsstaat mit Entschiedenheit ab. Denn sie sagen, der Prophet habe keine Gleichwertigkeit der Menschen und der Geschlechter gekannt. Für sie wird die gesamte westliche Kultur zum großen und stereotypen Feindbild, weil sie gegen die moralischen Regeln des frühen Islam verstößt. Sie sagen, die Christen und die Juden seien von ihrem wahren Glauben, wie er in der Bibel steht, abgefallen und sie hätten diesen verleugnet. Nun liefern die westlichen Staaten den islamischen Ländern seit einem halben Jahrhundert sehr moderne und gefährliche Waffensysteme, die heute auch im Krieg gegen die Erzeugerländer eingesetzt werden können.[231]

Die Fundamentalisten wollen einen islamischen „Gottesstaat" wieder errichten, wie er zur Zeit des Propheten eingerichtet wurde. Aber sie tun dies heute mit den modernsten Waffensystemen und mit westlicher Ausbildung der Krieger. So sind im Irak in den letzten Jahren 40.000 bis 50.000 sunnitische Soldaten, die von den Amerikanern ausgebildet wurden, zum „Islamischen Staat" (IS) übergelaufen, sie haben die Waffen und das Know how des Kampfes mitgenommen. Für sie hat der „Kampf der Kulturen", von dem Samuel Huntington gesprochen hatte, längst begonnen. Diese religiös motivierten Krieger zerstören alte Kulturwerte, töten Menschen in großer Zahl und schicken mit ihren Zerstörungen immer mehr Flüchtlinge über das Mittelmeer nach Europa.[232]

Das Ziel dieser Islamisten ist es, die demokratischen Kulturen in Europa, aber auch in Nordamerika, zu bedrohen und zu zerstören. Wir haben es in diesem Kampf der Kulturen mit zwei konträren Wertsystemen zu tun: Für die Islamisten hat das Einzelleben wenig oder gar keinen Wert, jede Tötung geschieht nach dem Willen Allahs. Doch für die westlichen Kulturen geht es darum, dass Menschenleben gerettet werden müssen, wenn

230 B. Tibi, Euro-Islam, S. 109-122.
231 K. Amipur, Den Islam neu denken, S. 25-39.
232 B. Tibi, Euro-Islam, S. 141-156.

sie über das Meer nach Europa kommen. Niemand kann heute sagen, wie dieser Kampf der Kulturen weitergehen wird, in den wir längst eingetreten sind. Doch viele Menschen in den westlichen Ländern haben große Angst vor dieser fundamentalistischen Form einer Weltreligion.[233]

Schlussbemerkungen

Grundsätzlich erkennen wir in allen Religionen zwei gegenläufige Bewegungen und Dynamiken. Zum einen tragen Religionen nachweislich zur Stabilisierung von Gesellschaften, zur Sinngebung des Lebens, zur Orientierung im Dasein, zum moralischen Lernen und zur Erhaltung des Friedens bei. Doch auf der anderen Seite können alle Religionen intensive Motivationen sein zum Kampf gegen Andersdenkende, zum Krieg gegen Gottesfeinde, zum Hass auf Mitmenschen, zu Intoleranz, Zerstörung und Verfolgung. Dieses ambivalente Gesicht erkennen wir in jeder Religion. Doch durch die Prozesse der Zivilisation und der rationalen Aufklärung sind viele Religionen von ihren kriegerischen und zerstörenden Potentialen abgerückt. Es haben tiefgreifende kulturelle, moralische und religiöse Lernprozesse stattgefunden.

Das große Problem scheinen die sogenannten „heiligen Bücher" der Großreligionen, Bibel und Koran, zu sein. Denn wenn diese Bücher aus vergangener Zeit als göttliche Offenbarung gesehen werden, und wenn diese den Kindern und Jugendlichen so beigebracht wird, dann bleibt die hohe Motivation zu Kampf und Krieg bestehen. Nur wurden die Kriege zur Zeit der Bibel und des Koran mit einfachen Waffen geführt, die Zahl der Toten blieb im Vergleich zu heutigen Kriegen gering. Doch die Verbindung von archaischer Ideologie und Religion mit modernsten Waffensystemen, bis hin zu atomaren Waffen oder Chemiewaffen, macht die Situation heute weltweit extrem gefährlich. Denn keine Region der Erde kann von Terror-Anschlägen durch religiöse Fundamentalisten sicher sein. Dies macht das Doppelgesicht der Religion wieder enorm bedrohlich.[234] Von einer fortschreitenden „Säkularisierung" von Religion kann heute global gesehen längst keine Rede mehr sein.[235]

233 H. Abdel-Samad, Der Untergang des Islam. München 2010, S. 67-82.

234 B. Tibi, Euro-Islam, S. 144-156.

235 P.L. Berger, Altäre der Moderne. Religion in pluralistischen Gesellschaften. Frankfurt 2015, S. 23-45.

Anton Grabner-Haider / Franz M. Wuketits
Erotik und Religion
Mit Beiträgen von Susanna Berndt und Lisz Hirn
165 Seiten, kartoniert, Euro 14.-
ISBN 978-3-86569-185-9

Der Band beschäftigt sich mit dem spannungsreichen Verhältnis von Religion und Sexualität. Während in den Mythen der frühen Kulturen die Erfahrung des Heiligen sich mit der Erfahrung der Sexualität traf, verschwindet diese Verbindung bei den abrahamitischen Religionen. Diese Abspaltung der Erotik ist im Bereich von Christentum und Islam bis heute vorherrschend, während andere Kulturkreise Weiblichkeit und Sexualität in ihre religiösen Vorstellungen integrieren. Die Beiträge beleuchten unterschiedliche Aspekte des Phänomens aus interdisziplinärer Perspektive.